WILLIAMS-SONOMA

COCINAALINSTANTE
Horneando

RECETAS
Lou Seibert Pappas

EDITOR GENERAL
Chuck Williams

FOTOGRAFÍA
Tucker + Hossler

TRADUCCIÓN
Laura Cordera L
Concepción O. de Jourdan

contenido

30 MINUTOS DE PRINCIPIO A FIN

la razón de este libro

El aroma amantequillado de las galletas en el horno. La pasta que queda en las aspas de la batidora. Hornear en casa es algo mágico, transformar los ingredientes más sencillos como un poco de azúcar, una taza de harina, un poco de mantequilla y algunos huevos, en un sinnúmero de deliciosos platillos. Pero si usted es como la mayoría de las personas, tendrá poco tiempo para cocinar, aunque le interese más que nunca la calidad y el sabor de lo que usted come.

Las recetas de estas páginas están diseñadas para enseñarle la forma de hornear de una manera más inteligente para pasar menos tiempo en la cocina. Con guías útiles para planear sus compras, abastecer su despensa y preparar su trabajo de manera rápida y sencilla, el libro *Horneando* le enseña a preparar mantecadas o un delicioso pastel hecho en casa en menos de 30 minutos. El conjunto de estas recetas le proporciona una forma más inteligente de aprender a hornear y le enseña a hacer buenos alimentos desde el principio aunque tenga una agenda muy ocupada.

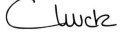

30 minutos
de principio a fin

galletas de
mantequilla y nuez

Mantequilla sin sal,
4 cucharadas (60 g/2 oz),
a temperatura ambiente

Azúcar glass,
⅓ taza (45 g/1 ½ oz), más la
necesaria para espolvorear

**Extracto (esencia)
de vainilla,**
1 cucharada

Sal, ¼ cucharadita

Harina, 1 ½ taza
(235 g/7 ½ oz/)

Nuez americana, ¾ taza
(90 g/3 oz), tostadas y
finamente picadas

RINDE
APROXIMADAMENTE
36 GALLETAS

1 Prepare las charolas para hornear
Coloque una rejilla en la parte central del horno y precaliente a 165°C (325°F). Forre 2 charolas para hornear sin borde con papel encerado (para hornear).

2 Mezcle la masa
En un tazón grande, usando una batidora eléctrica a velocidad media, bata la mantequilla con   taza de azúcar granulada hasta que esté cremosa. Agregue la vainilla, sal y harina y mezcle hasta integrar. Añada las nueces y mezcle hasta distribuir uniformemente.

3 Hornee las galletas
Con sus manos enharinadas haga bolas de 2 cm (¾-inch) con la masa y colóquelas sobre las charolas preparadas, dejando una separación de 4 cm (1 ½ inches) entre ellas. Hornee de 15 a 18 minutos, hasta que las galletas estén muy ligeramente doradas. Deje enfriar las galletas en las charolas para hornear colocadas sobre rejillas de alambre durante 10 minutos. Resbale el papel encerado con las galletas a una superficie de trabajo y espolvoree con el azúcar glass pasándolo a través de un colador.
Deje enfriar totalmente.

sugerencia del chef

Se pueden usar hojuelas (filberts) de almendras o avellanas para sustituir las nueces en estas galletas de mantequilla y nuez. Para retirar la piel de las avellanas, tuéstelas en una sartén sobre fuego medio durante 10 minutos, moviendo a menudo, hasta que aromaticen y se doren. Frote las nueces calientes con una toalla de cocina para desprender sus pieles (no se preocupe si quedan pequeños trozos de piel aún pegados) y pique.

sugerencia del chef

El papel encerado (para hornear) tiene una superficie antiadherente que puede soportar el intenso calor del horno. Se retira de las charolas después de usarlo y se desecha, facilitando así la limpieza. Si no encuentra papel encerado para hornear, no sustituya por papel encerado común; engrase sus charolas con mantequilla.

galletas de jengibre
y piloncillo

1 Prepare las charolas para hornear

Coloque una rejilla en el centro del horno y precaliente a 180ºC (350ºF). Forre 2 charolas para hornear sin borde con papel encerado (para hornear).

2 Mezcle la masa

En un tazón grande, usando una batidora eléctrica a velocidad media, bata la mantequilla con el azúcar hasta que esté cremosa. Agregue el huevo y la melaza y bata hasta que esté suave. En otro tazón mezcle la harina con el bicarbonato, sal, jengibre, canela y pimienta de jamaica. Incorpore los ingredientes secos con los ingredientes húmedos y bata a velocidad media hasta integrar por completo.

3 Hornee las galletas

Coloque cucharadas rasas de la masa sobre las charolas preparadas, dejando una separación de 5 cm (2 in) entre ellas. Hornee de 10 a 12 minutos, hasta que las galletas estén doradas y firmes al tacto. Deje enfriar en las charolas para hornear colocadas sobre rejillas de alambre durante 5 minutos. Pase a las rejillas de alambre y deje enfriar por completo.

Mantequilla sin sal, ¾ taza (185 g/6 oz), a temperatura ambiente

Azúcar mascabado, 1 taza compacta

Huevo, 1

Melaza clara o piloncillo derretido, ⅓ taza (105 g/3 ½ oz)

Harina, 2 tazas (315 g/10 oz)

Bicarbonato de sodio, 1 ½ cucharadita

Sal, ¼ cucharadita

Jengibre molido, 1 cucharadita

Canela molida, 1 cucharadita

Pimienta de jamaica molida, ½ cucharadita

RINDE
APROXIMADAMENTE
40 GALLETAS

13

galletas de avena
y chispas de chocolate

Mantequilla sin sal,
1 taza (250 g/8 oz)

Azúcar granulada,
¾ taza (185 g/6 oz)

Azúcar mascabado, ¾ taza
compacta (185 g/6 oz)

Huevos, 2

**Extracto (esencia)
de vainilla,**
1 cucharadita

Harina, 1½ taza
(235 g/7½ oz)

Bicarbonato de sodio,
1 cucharadita

Sal, ¼ cucharadita

**Hojuelas de avena molida
estilo antiguo,**
2 tazas (185 g/6 oz)

**Chispas de chocolate semi
amargo simple,**
375 g (12 oz)

**Nuez de castilla o
americana,** 1 taza (125 g/4
oz), tostadas y picadas
(opcional)

RINDE
APROXIMADAMENTE
60 GALLETAS

1 **Prepare las charolas para hornear**
Coloque una rejilla en el centro del horno y precaliente a 180°C (350°F). Forre 2 charolas para hornear sin borde con papel encerado (para hornear).

2 **Mezcle la masa**
En un tazón grande, usando una batidora eléctrica a velocidad media, bata la mantequilla con el azúcar granulada y mascabado hasta que esté cremosa. Agregue los huevos y la vainilla y bata hasta obtener una mezcla suave. En otro tazón mezcle la harina con el bicarbonato y la sal. Incorpore los ingredientes secos con los ingredientes húmedos y bata a velocidad baja hasta obtener una masa tersa. Incorpore la avena, chispas de chocolate y nueces, si las usa.

3 **Hornee las galletas**
Coloque cucharadas copeteadas de la masa sobre las charolas preparadas, dejando una separación de 4 cm (1½ inches) entre ellas. Hornee de 10 a 12 minutos, hasta que las galletas estén doradas. Pase las galletas a rejillas de alambre y deje enfriar por completo.

sugerencia del chef

Puede tostar nueces por adelantado para tenerlas a la mano. Extienda las nueces en una sola capa sobre una charola para hornear y tueste en un horno precalentado a 165ºC (325ºF) cerca de 10 minutos, moviendo ocasionalmente, hasta que aromaticen. Almacene en un recipiente de cierre hermético en el refrigerador hasta por 5 días o en el congelador hasta por un mes.

galletas de
brownie de chocolate

1 **Prepare las charolas para hornear**
Coloque una rejilla en el centro del horno y precaliente a 180ºC (350ºF). Forre 2 charolas para hornear sin borde con papel encerado (para hornear).

2 **Mezcle la masa**
En una olla grande sobre fuego bajo derrita la mantequilla con el chocolate, moviendo constantemente. Retire del fuego. Integre el azúcar mascabado, huevos y vainilla. Integre la harina y el polvo para hornear y mezcle. Incorpore las nueces, si las usa, y mezcle hasta distribuir uniformemente. Refrigere la masa durante 4 ó 5 minutos.

3 **Hornee las galletas**
Coloque cucharadas copeteadas de la masa sobre las charolas preparadas, dejando una separación de 4 cm (1½ in) entre ellas. Hornee de 10 a 12 minutos, hasta que las galletas estén firmes pero ligeramente suaves en el centro. Pase las galletas a rejillas de alambre y deje enfriar.

Mantequilla sin sal,
4 cucharadas (60 g/2 oz)

Chocolate semi amargo (simple),
375 g (12 oz), picado

Azúcar mascabado, ¾ taza compacta (185 g/6 oz)

Huevos, 2

Extracto (esencia) de vainilla, 1 cucharadita

Harina, ½ taza (75 g /2½ oz)

Polvo para hornear, ¼ cucharadita

Nuez de castilla o americana, 1½ taza (200 g/6½ oz), tostadas y picadas (opcional)

RINDE
APROXIMADAMENTE
36 GALLETAS

bisquets de queso
cheddar y cebollín

Harina, 2 tazas
(315 g/10 oz)

Polvo para hornear,
2 ½ cucharaditas

Sal, ½ cucharadita

**Queso cheddar extra
fuerte,** ½ taza (60 g/2 oz),
finamente rallado

Cebollín fresco, ¼ taza
(10 g/⅓ oz) , finamente
picado

Mantequilla sin sal,
6 cucharadas (90 g/3 oz),
fría, cortada en cubos

Leche, ¾ taza
(180 ml/6 fl oz)

RINDE 12 BISQUETS

1 Prepare la charola para hornear
Coloque una rejilla en el centro del horno y precaliente
a 220ºC (425ºF). Forre una charola para hornear sin borde
con papel encerado (para hornear).

2 Mezcle la masa
En un tazón grande mezcle la harina, polvo para
hornear, sal, queso y cebollín. Usando un mezclador de varilla
o 2 cuchillos, integre la mantequilla hasta que la mezcla forme
migas gruesas del tamaño de un chícharo aproximadamente.
Incorpore la leche con los ingredientes secos y, usando
una espátula de hule, integre sólo hasta humedecer
uniformemente.

3 Dele forma a los bisquets
Extienda la masa sobre una superficie de trabajo
ligeramente enharinada y presione suavemente. Amase cerca
de 6 veces y forme una bola. Haga un círculo de
aproximadamente 2 cm (¾ in) de grueso. Usando un molde
para bisquets de 7.5 cm (3 in) enharinado corte círculos y
colóquelos sobre la charola preparada, dejando una separación
de aproximadamente 2.5 cm (1 in) entre ellos. Reúna los
sobrantes, amase una vez más y corte más bisquets. Hornee
15 ó 18 minutos, hasta que los bisquets estén dorados. Pase a
una rejilla de alambre y deje enfriar ligeramente; después sirva.

sugerencia del chef

Para hacer los clásicos bisquets de buttermilk omita el queso y el cebollín y sustituya la leche por ¾ taza (180 ml/6 fl oz) de buttermilk. Disminuya el polvo de hornear a 2 cucharaditas y agregue ½ cucharadita de bicarbonato de sodio. Siga las demás instrucciones como se indica con anterioridad.

sugerencia del chef

Puede cubrir la masa para
mantecadas con azúcar gruesa,
como el azúcar demerara o
turbinada, antes de hornearlas.
O puede espolvorear la masa
con un poco de cubierta para
streusel que le haya sobrado o
nueces tostadas y picadas
mezcladas con azúcar
mascabado.

mantecadas de limón y frambuesa

1 Prepare los moldes para mantecadas

Coloque una rejilla en el centro del horno y precaliente a 220ºC (425ºF). Cubra 12 moldes para mantecadas de tamaño estándar con capacillos de papel.

2 Mezcle la masa

En un tazón grande mezcle la harina, polvo para hornear, bicarbonato de sodio, sal y nuez moscada. En otro tazón bata los huevos con el azúcar hasta integrar por completo. Incorpore, batiendo, la leche, mantequilla y ralladura de limón. Integre los ingredientes húmedos con los ingredientes secos y, usando una espátula de hule, mezcle sólo hasta humedecer uniformemente. Incorpore las frambuesas hasta distribuir uniformemente.

3 Hornee las mantecadas

Usando una cuchara coloque la masa en los moldes preparados para mantecadas, hasta llenarlos en 3/4 partes. Hornee 15 ó 18 minutos, hasta que las mantecadas estén doradas y que al insertar un palillo de madera en el centro éste salga limpio. Deje enfriar dentro de los moldes colocándolos sobre una rejilla de alambre durante 5 minutos. Desmolde, coloque las mantecadas sobre la rejilla de alambre, deje enfriar ligeramente y sirva.

Harina, 2 tazas (315 g/10 oz)

Polvo para hornear, 2 cucharaditas

Bicarbonato de sodio, 1/2 cucharadita

Sal, 1/4 cucharadita

Nuez moscada molida, 1/4 cucharadita

Huevos, 2

Azúcar mascabado, 2/3 taza compacta (155 g/5 oz)

Leche, 1 taza (250 ml/8 fl oz)

Mantequilla sin sal, 6 cucharadas (90 g/3 oz), derretida

Ralladura de limón, 1 cucharada, finamente rallada

Frambuesas o moras azules, 1 taza (125 g/4 oz), frescas o congeladas

RINDE 12 MANTECADAS

mantecadas de zanahoria a las especias

Harina, 2 tazas
(315 g/10 oz)

Polvo para hornear,
2 cucharaditas

Bicarbonato de sodio,
½ cucharadita

Sal, ¼ cucharadita

Canela molida,
1 cucharadita

Huevos, 2

Azúcar mascabado, ⅔ taza
compacta (155 g/5 oz)

Buttermilk o crema agria,
1 taza (250 ml/8 fl oz)

Mantequilla sin sal,
6 cucharadas (90 g/3 oz),
derretida

Zanahorias, 1½ taza
(155 g/5 oz) y 2 grandes,
finamente ralladas

**Uvas pasas, ciruelas pasas
o pasitas doradas
(sultanas),** ½ taza
(60 g/2 oz) (opcional)

RINDE 12 MANTECADAS

1 Prepare los moldes para mantecadas
Coloque una rejilla en el centro del horno y precaliente a 220ºC (425ºF). Cubra 12 moldes para mantecadas de tamaño estándar con capacillos de papel.

2 Mezcle la masa
En un tazón grande mezcle la harina, polvo para hornear, bicarbonato de sodio, sal y canela. En otro tazón bata los huevos con el azúcar mascabado hasta integrar por completo. Incorpore, batiendo, el buttermilk y la mantequilla derretida. Integre los ingredientes húmedos con los ingredientes secos y, usando una espátula de hule, mezcle sólo hasta humedecer uniformemente. Incorpore las zanahorias y uvas pasas, si las usa, hasta distribuir uniformemente.

3 Hornee las mantecadas
Usando una cuchara coloque la masa en los moldes preparados para mantecadas, hasta llenarlos en 3/4 partes. Hornee 15 ó 18 minutos, hasta que las mantecadas estén doradas y que al insertar un palillo de madera en el centro de la mantecada éste salga limpio. Deje enfriar las mantecadas dentro de los moldes colocándolos sobre una rejilla de alambre durante 2 minutos. Desmolde y coloque las mantecadas sobre la rejilla de alambre, deje enfriar ligeramente y sirva.

sugerencia del chef

Para usar esta masa para hacer un pastel de zanahoria, engrase y enharine un refractario cuadrado de 23 cm (9 in), vierta la masa y hornee siguiendo las mismas instrucciones que para las mantecadas, pero aumentando el tiempo de horneado a 45 ó 50 minutos. Deje enfriar totalmente dentro del molde colocado sobre una rejilla de alambre, desmolde y cubra con su betún preferido de queso crema o con betún de vainilla.

sugerencia del chef

Es fácil variar el sabor de estos scones. Omita los chabacanos secos y el jengibre cristalizado y agregue ¾ taza (90 g/3 oz) de cerezas o arándanos deshidratados y una cucharada de ralladura de limón o naranja.

scones de jengibre
y chabacano

1 Prepare la charola para hornear

Coloque una rejilla en el centro del horno y precaliente a 220°C (425°F). Forre una charola para hornear sin borde con papel encerado (para hornear).

2 Mezcle la masa

En un tazón grande mezcle la harina, polvo para hornear, sal y nuez moscada. Usando un mezclador de varilla o 2 cuchillos integre la mantequilla hasta formar una mezcla tipo migas gruesas del tamaño de un chícharo aproximadamente. Integre los chabacanos y el jengibre. En un tazón bata los huevos con el buttermilk hasta integrar por completo. Incorpore los ingredientes húmedos con los ingredientes secos y, usando una espátula de hule, integre sólo hasta humedecer uniformemente. La masa quedará pegajosa.

3 Dele forma y hornee los scones

Extienda la masa sobre una superficie de trabajo ligeramente enharinada y presione suavemente haciendo un círculo de cerca de 20 cm (8 in) de diámetro. Usando un cuchillo filoso corte el círculo en 6 rebanadas iguales. Coloque las rebanadas sobre la charola preparada, dejando una separación de aproximadamente 2.5 cm (1 in) entre ellas. Hornee 15 ó 17 minutos, hasta que los scones estén dorados. Pase a una rejilla de alambre, deje enfriar ligeramente y sirva.

Harina, 1 ¾ taza (280 g/9 oz)

Azúcar, ⅓ taza (90 g/3 oz)

Polvo para hornear, 1 cucharada

Sal, ½ cucharadita

Nuez moscada molida, ¼ cucharadita

Mantequilla sin sal, 6 cucharadas (90 g/3 oz), fría y cortada en cubos

Chabacanos secos, ⅔ taza (125 g/4 oz), picados

Jengibre cristalizado, ¼ taza (45 g/1 ½ oz), picado

Huevo, 1

Buttermilk o yogurt, ½ taza (125 ml/4 fl oz)

RINDE 6 SCONES

dobladitas
de cereza

Pasta de hojaldre, 250 g

Cerezas dulces o agrias deshuesadas,
1 frasco (875 g/28 oz)

Brandy o Cognac,
1 cucharadita (opcional)

Azúcar granulada,
¼ taza (60 g/2 oz)

Harina, 1 cucharada

Huevo, 1

Leche, 1 cucharada

Azúcar gruesa como la turbinada, para espolvorear

RINDE 6 DOBLADITAS

1 Extienda la pasta de hojaldre

Coloque una rejilla en el centro del horno y precaliente a 220ºC (425ºF). Forre una charola para hornear sin borde con papel encerado (para hornear). Coloque la hoja de pasta de hojaldre sobre una superficie de trabajo ligeramente enharinada y presione con un rodillo hasta formar un rectángulo de 38 x 25 cm (15 x 10 in). Corte el rectángulo longitudinalmente a la mitad y después corte cada uno transversalmente a la mitad haciendo 3 cuadros. Coloque los cuadros sobre la charola para hornear preparada.

2 Prepare el relleno de cereza

Escurra el jugo de las cerezas, coloque en un tazón y rocíe con el brandy, si lo usa. Incorpore las cerezas con el azúcar granulada y la harina.

3 Rellene y hornee las dobladitas

En un tazón pequeño bata los huevos con la leche. Barnice una orilla de 12 mm (½-in) con la mezcla de huevo y alrededor de los 2 lados adyacentes de cada cuadro. Usando una cuchara coloque 3 cucharadas del relleno de cereza en el centro del cuadro. Doble la pasta sobre el relleno para hacer un triángulo y presione las orillas con un tenedor para sellarlas. Repita la operación con los demás cuadros. Barnice las superficies con la mezcla restante de huevo y espolvoree con el azúcar grueso. Hornee las dobladitas entre 15 y 18 minutos, hasta que se esponjen y doren. Deje enfriar ligeramente en la charola para hornear colocada sobre una rejilla de alambre y sirva calientes.

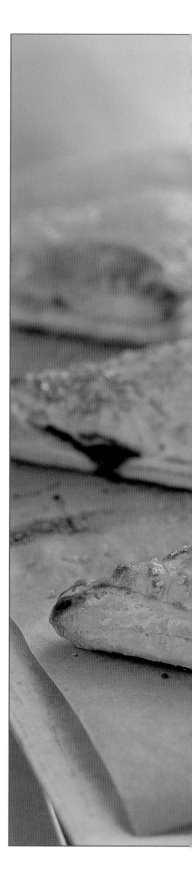

sugerencias del chef

Las dobladitas también se pueden rellenar con otras frutas de la estación. En verano use 2 duraznos, sin piel, sin hueso y cortados en rebanadas de 12 mm (½ in) de grueso. En invierno pele y retire los huesos de 2 peras Anjou o Bosc y corte en rebanadas de 12 mm (½ in) de grueso.

pastelitos
de fresa

1 Prepare las fresas

En un tazón mezcle las fresas con 2 cucharadas del
azúcar y reserve. Coloque una rejilla en el centro del horno y
precaliente a 220ºC (425ºF). Forre una charola para hornear
con papel encerado (para hornear).

2 Haga los pastelitos

En un tazón mezcle la harina, 3 cucharadas del azúcar,
el polvo para hornear y la sal. Usando un mezclador de varilla
o 2 cuchillos integre la mantequilla hasta que la mezcla forme
migas gruesas del tamaño de un chícharo aproximadamente.
Agregue   taza (80 ml/3 fl oz) de la crema y mezcle sólo hasta
humedecer uniformemente. La masa deberá estar suave; si
fuera necesario agregue 1 ó 2 cucharadas más de crema. Con
sus manos enharinadas divida la masa en 4 porciones iguales
y forme con cada porción un disco de aproximadamente 2 cm
(3/4 in) de grueso. Coloque sobre la charola preparada, dejando
una separación de por lo menos 7.5 cm (3 in) entre ellos.
Hornee de 12 a 15 minutos, hasta que estén dorados.
Pase los pastelitos a una rejilla de alambre y deje enfriar
ligeramente.

3 Rellene los pastelitos

Mientras tanto, en un tazón, usando una batidora
eléctrica a velocidad alta, bata la 1/2 ó 2/3 taza restante
(125-160 ml/4-5 fl oz) de crema con las 2 cucharadas
restantes de azúcar y la vainilla hasta que se formen picos
suaves. Parta los pastelitos horizontalmente y coloque las
mitades inferiores sobre platos individuales. Cubra con las
fresas y la crema batida, tape con las partes superiores y sirva.

Fresas, 3 tazas
(375 g/12 oz), limpias
y rebanadas

Azúcar, 7 cucharadas
(105 g/3½ oz)

Harina, 1 taza (155 g/5 oz)

Polvo para hornear,
1½ cucharadita

Sal, ¼ cucharadita

Mantequilla sin sal,
4 cucharaditas (60 g/2 oz),
fría y cortada en cubos

Crema espesa (doble),
1 taza (240 ml/8 fl oz)

**Extracto (esencia) de
vainilla,** ½ cucharadita

4 PORCIONES

29

15 minutos
de principio a fin

cobbler
de mora

Moras azules, 3 tazas
(375 g/12 oz)

Azúcar, 3 cucharadas

Harina, 1 taza (155 g/5 oz),
más 1 cucharada

Canela molida,
½ cucharadita

Polvo para hornear,
1 ½ cucharadita

Sal, ¼ cucharadita

Mantequilla sin sal,
4 cucharadas (60 g/2 oz),
fría y cortada en cubos

Crema dulce para batir,
6 u 8 cucharadas
(90-125 ml/3-4 fl oz)

Helado de vainilla,
para acompañar (opcional)

6 PORCIONES

1 **Prepare las moras**
Coloque una rejilla en el centro del horno y precaliente a 200°C (400°F). Engrase con mantequilla un refractario cuadrado de 23 cm (9 in). En un tazón mezcle las moras, 2 cucharadas del azúcar, una cucharada de harina y la canela. Mezcle cuidadosamente. Extienda la mezcla de moras uniformemente en el refractario preparado.

2 **Mezcle la masa**
En un tazón mezcle la taza restante de harina y una cucharada de azúcar, el polvo para hornear y la sal. Usando un mezclador de varilla o dos cuchillos integre la mantequilla hasta obtener una mezcla con grumos gruesos, del tamaño de un chícharo aproximadamente. Agregue 6 cucharadas de crema y, usando una espátula de hule, integre ligeramente hasta que los ingredientes estén húmedos. La masa debe quedar suave; si fuera necesario agregue 1 ó 2 cucharadas más de crema. Usando 2 cucharas haga bolas de masa de aproximadamente 5 cm (2 in) de diámetro y colóquelas sobre las moras.

3 **Hornee el cobbler**
Hornee cerca de 20 minutos, hasta que la superficie esté dorada y el jugo burbujee alrededor de las orillas del molde. Deje enfriar en el refractario colocándolo sobre una rejilla de alambre. Usando una cuchara sirva el cobbler caliente en platos o tazones cubriendo cada uno con una bola de helado, si lo desea, y sirva.

sugerencia del chef

Las moras frescas de temporada, como las frambuesas, moras azules y zarzamoras, se pueden congelar hasta por 4 meses para usar en el futuro. Congele en una sola capa sobre una charola para hornear y posteriormente coloque las moras congeladas en recipientes de plástico.

sugerencia del chef

Cuando es temporada de maíz, usted puede usar los granos de 2 mazorcas en esta receta. Retire y deseche la cáscara y los hilos de cada mazorca. Colóquela verticalmente sobre una tabla de picar y, usando un cuchillo filoso, corte hacia abajo entre los granos y la mazorca, teniendo cuidado de no cortar dentro del grano.

pan de
maíz picante

1 Prepare el refractario
Coloque una rejilla en el centro del horno y precaliente a 220°C (425°F). Engrase con mantequilla un refractario cuadrado de 23 cm (9 in).

2 Mezcle la masa
En un tazón grande mezcle el cornmeal, harina, azúcar, polvo para hornear, bicarbonato de sodio y sal. En otro tazón bata la crema ácida, huevos, leche y mantequilla hasta integrar por completo. Incorpore los ingredientes húmedos con los secos y mezcle hasta obtener una mezcla tersa. Integre los granos de elote y chiles. Extienda la masa uniformemente en el refractario preparado. Espolvoree uniformemente con el queso.

3 Hornee el pan de maíz
Hornee cerca de 20 minutos hasta que el pan de maíz esté dorado y que al insertar un palillo de madera en el centro éste salga limpio. Deje enfriar ligeramente en el refractario colocándolo sobre una rejilla de alambre. Corte en cuadros y sirva caliente.

Cornmeal amarillo o polenta, 1 taza (155 g/5 oz)

Harina, 1 taza (155 g/5 oz)

Azúcar mascabado, 3 cucharadas compactas

Polvo para hornear, 1 cucharadita

Bicarbonato de sodio, 1 cucharadita

Sal, ½ cucharadita

Crema ácida, 1 taza (250 g/8 oz)

Huevos, 2

Leche, ¼ taza (60 ml/2 fl oz)

Mantequilla sin sal, 4 cucharadas (60 g/2 oz), derretida

Granos de maíz, 1 ½ taza (280 g/9 oz), descongelados o congelados

Chiles verdes asados de lata, ⅓ taza (45 g/1 ½ oz), picados

Queso cheddar fuerte, ½ taza (60 g/2 oz), finamente rallado

RINDE UN CUADRO DE 23 CM (9 IN)

clafoutis de chabacano

Chabacanos, 500 g (1 lb), aproximadamente 2 tazas, en cuarterones y sin hueso

Brandy o Cognac, 2 cucharaditas (opcional)

Huevos, 2

Leche, ¾ taza (180 ml/6 fl oz), más 2 cucharadas

Azúcar granulada, 6 cucharadas (90 g/3 oz)

Ralladura de limón, 1 cucharadita, finamente rallada

Extracto (esencia) de vainilla, 1 cucharadita

Sal, 1 pizca

Harina, ⅓ taza (45 g/1½ oz)

Azúcar glass, 2 cucharadas

4 PORCIONES

1 Prepare los refractarios

Coloque una rejilla en el centro del horno y precaliente a 180ºC (350ºF). Engrase con mantequilla cuatro refractarios individuales o ramekins con capacidad de una taza (250 ml/8 fl oz) y colóquelos sobre una charola para hornear con borde. Coloque los chabacanos en la base de los refractarios dividiéndolos uniformemente y rocíe con el brandy, si lo usa.

2 Mezcle la masa

En una licuadora mezcle los huevos, leche, azúcar granulada, ralladura de limón, vainilla, sal y harina. Procese hasta obtener una mezcla tersa. Vierta la masa sobre los chabacanos, dividiéndola uniformemente entre los refractarios.

3 Hornee los clafoutis

Hornee 23 ó 25 minutos, hasta que cada clafouti se esponje y dore. Pase a una rejilla de alambre y deje enfriar ligeramente. Espolvoree las superficies con azúcar glass pasándolo a través de un colador y sirva.

sugerencia del chef

Se pueden usar otras frutas como las cerezas, ciruelas o peras para sustituir los chabacanos.
Use 2 tazas (375 g/12 oz) de fruta. Retire los huesos de las cerezas, parta las ciruelas a la mitad y retire los huesos y la piel, parta a la mitad y descorazone las peras y corte en trozos.

sugerencia del chef

Si lo desea, puede usar jalea de
frambuesa, cereza o mora azul
en lugar de la de zarzamora.
Almacene las galletas hasta por
5 días en un recipiente de cierre
hermético a temperatura
ambiente. También puede
congelarlas en una bolsa de
plástico con cierre de cierre
hermético hasta por un mes,
poniendo papel encerado entre
las capas.

galletas de
coco y zarzamora

1 Prepare las charolas para hornear

Coloque una rejilla en el centro del horno y precaliente a 180°C (350°F). Forre 2 charolas para hornear sin borde con papel encerado (para hornear).

2 Mezcle la masa

En un tazón, usando una batidora eléctrica a velocidad media, bata el huevo hasta que esté claro. Agregue gradualmente el azúcar, vainilla y ralladura de limón, batiendo después de cada adición. Continúe batiendo cerca de 5 minutos, hasta que la masa esté clara y esponjada. Usando una espátula de hule integre el coco con movimiento envolvente. Coloque cucharadas copeteadas de la masa sobre las charolas para hornear preparadas, dejando una separación de 4 cm (1½ in) entre ellas. Coloque una cucharadita de jalea en el centro de cada galleta, haciendo una hendidura con la cuchara al agregar la jalea.

3 Hornee las galletas

Hornee cerca de 15 minutos, hasta que las galletas estén doradas en las orillas. Apague el horno y deje secar las galletas en el horno durante 10 ó 15 minutos. Deje enfriar las galletas en las charolas para hornear colocadas sobre rejillas de alambre durante 5 minutos. Pase a rejillas de alambre y deje enfriar por completo.

Huevo, 1

Azúcar, ½ taza (125 g/4 oz)

Extracto (esencia) de vainilla,
1 cucharadita

Ralladura de limón,
2 cucharaditas, finamente ralladas

Coco dulce rallado, 2½ tazas (150 g/10 oz)

Jalea de zarzamora,
¼ taza (75 g/2½ oz)

RINDE
APROXIMADAMENTE
30 GALLETAS

pastel de nuez
y canela

Harina, 2 tazas
(315 g/10 oz)

Polvo para hornear,
1 ½ cucharadita

Bicarbonato de sodio,
½ cucharadita

Sal, ¼ cucharadita

Mantequilla sin sal,
½ taza (125 g/4 oz), a
temperatura ambiente

Crema ácida, ¾ taza
(185 g/6 oz)

Huevos, 2

Ralladura de naranja,
1 cucharada, finamente rallada

Azúcar, 1 taza (240 g/8 oz)

**Extracto (esencia)
de vainilla,**
1 cucharadita

Canela molida,
2 cucharaditas

**Nuez de castilla o
americana,** 1 taza (125 g/4
oz), tostadas y picadas

RINDE UN PASTEL
CUADRADO DE
23 CM (9 IN)

1 **Mezcle la masa**
Position a rack in the middle of the oven and preheat
to 350°F (180°C). Butter a 9-inch (23-cm) square baking pan.
In a bowl, stir together the flour, baking powder, baking soda,
and salt. In another large bowl, using an electric mixer on medium
speed, beat together the butter, sour cream, eggs, orange zest,
¾ taza (180 g/6 oz) de azúcar y la vainilla hasta integrar por
completo. Incorpore los ingredientes secos con los
ingredientes húmedos y bata a velocidad baja hasta obtener
una mezcla tersa.

2 **Llene el molde**
En un tazón mezcle el ¼ taza (60 g/2 oz) restante de
azúcar, la canela y las nueces. Extienda uniformemente la
mitad de la masa en el molde preparado y espolvoree con la
mitad de la mezcla de nueces. Cubra con la masa restante
extendiéndola uniformemente y espolvoree con la mezcla
restante de nueces.

3 **Hornee el pastel**
Hornee de 25 a 30 minutos, hasta que el pastel esté
dorado y que al insertar un palillo de madera en el centro éste
salga limpio. Deje enfriar ligeramente en el molde colocándolo
sobre una rejilla de alambre. Corte en cuadros y sirva caliente.

sugerencia del chef

Un rallador de raspas es ideal
para hacer la ralladura de naranja
rápidamente. Asegúrese de retirar
únicamente la porción de color
de la cáscara y no la piel blanca
que se encuentra debajo de ella.
Para sacar el delicioso aceite de
la ralladura cítrica, use el revés de
una cuchara para presionarla con
$\frac{1}{2}$ cucharadita de azúcar.

betty de
durazno

1 Prepare las migas de pan

Coloque una rejilla en el centro del horno y precaliente a 190°C (375°F). Engrase con mantequilla un refractario cuadrado de 23 cm (9 in). En un tazón mezcle las migas de pan con la mantequilla derretida, mezclando con un tenedor hasta que las migas estén uniformemente húmedas. Integre el azúcar mascabado y la nuez moscada.

2 Llene el refractario

Extienda la mitad de las rebanadas de durazno uniformemente en el refractario preparado. Espolvoree con la mitad de la mezcla de migas. Extienda las rebanadas restantes de durazno uniformemente sobre las migas. Espolvoree con la mezcla de migas restante.

3 Hornee el betty de durazno

Tape el refractario con papel aluminio. Hornee 15 minutos, destape y hornee cerca de 15 minutos más, hasta que la cubierta esté dorada. Deje enfriar en el refractario colocándolo sobre una rejilla de alambre durante 20 minutos antes de servir. Usando una cuchara sirva el betty de durazno en tazones, cubra cada porción con una bola de helado o rocíe con crema y sirva.

Migas de pan seco,
2 tazas (250 g/8 oz)

Mantequilla sin sal, ⅓ taza
(90 g/3 oz), derretida

Azúcar mascabado,
6 cucharadas compactas
(90 g/3 oz)

Nuez moscada,
¼ cucharadita

Duraznos,
6, aproximadamente 1 kg
(2 lb) en total, sin piel, sin
hueso y rebanados

**Helado de vainilla o
crema dulce para batir,**
para acompañar

6 PORCIONES

blondies de azúcar mascabado

Harina, 1 ¼ taza
(200 g/6 ½ oz)

Polvo para hornear,
1 cucharadita

Bicarbonato de sodio,
½ cucharadita

Sal, ¼ cucharadita

Mantequilla sin sal,
¾ taza (185 g/6 oz),
a temperatura ambiente

Azúcar mascabado, 1 taza
compacta (220 g/7 oz)

Huevos, 2

**Extracto (esencia)
de vainilla,**
1 cucharadita

Hojuelas de almendra,
⅔ taza (75 g/2 ½ oz)

RINDE 16 BLONDIES

1 Prepare el molde

Coloque una rejilla en el centro del horno y precaliente a 180°C (350°F). Engrase con mantequilla un molde cuadrado de 20 cm (8 in).

2 Mezcle la masa

En un tazón mezcle la harina, polvo para hornear, bicarbonato de sodio y sal. En un tazón grande, usando una batidora eléctrica a velocidad media, bata la mantequilla con el azúcar hasta acremar. Agregue los huevos y la vainilla y bata hasta suavizar. Incorpore los ingredientes secos con los ingredientes húmedos y mezcle a velocidad baja sólo hasta integrar. Extienda la masa uniformemente en el molde preparado. Espolvoree con las almendras.

3 Hornee los blondies

Hornee aproximadamente 30 minutos, hasta dorar y que un palillo de madera insertado en el centro salga casi limpio. Deje enfriar totalmente en el molde colocándolo sobre una rejilla de alambre. Usando un cuchillo filoso corte en cuadros y sirva.

sugerencia del chef

Para hacer deliciosos sundaes de
blondie, corte los blondies
horneados en cuadros, cubra
cada uno con una bola de helado
de vainilla, café o almendra
tostada y rocíe con salsa de
chocolate semi amargo.

sugerencia del chef

Ya que la melaza tanto clara
como oscura es muy espesa, se
queda pegada en el interior de la
taza. Para solucionar el problema
cubra la taza ligeramente con un
aceite de sabor neutral, como el
de canola, antes de verter la
melaza en la taza. El aceite ayuda
a la melaza a resbalar y salir de
la taza.

pastel de
jengibre

1 Prepare el molde
Coloque una rejilla en el centro del horno y precaliente a 180°C (350°F). Engrase con mantequilla un molde para pastel, de preferencia desmontable, de 23 cm (9 in) con bordes de 5 cm (2 in) de alto. Espolvoree con harina y sacuda el exceso.

2 Mezcle la masa
En un tazón mezcle la harina, bicarbonato de sodio, sal, jengibre, canela y pimienta. En otro tazón, usando una batidora eléctrica a velocidad media, bata la mantequilla con el azúcar mascabado y la melaza o piloncillo hasta integrar por completo. Agregue la crema ácida y los huevos y bata hasta suavizar. Integre los ingredientes secos con los ingredientes húmedos y mezcle a velocidad baja hasta integrar por completo. Extienda la masa uniformemente en el molde preparado.

3 Hornee el pastel
Hornee 30 ó 35 minutos, hasta que un palillo de madera insertado en el centro salga limpio. Deje enfriar durante 5 minutos dentro del molde colocándolo sobre una rejilla de alambre. Si usa un molde desmontable, retire las orillas y resbale el pastel a un platón. Si usa un molde no desmontable, pase un cuchillo delgado alrededor de las orillas del molde e invierta el pastel hacia un platón de servicio. Deje enfriar ligeramente, corte en rebanadas y sirva.

Harina, 2 tazas
(315 g/10 oz)

Bicarbonato de sodio,
1 ½ cucharadita

Sal, ¼ cucharadita

Jengibre molido,
1 cucharadita

Canela molida,
1 cucharadita

Pimienta blanca,
¼ cucharadita

Mantequilla sin sal,
½ taza (125 g/4 oz), derretida

Azúcar mascabado, ½ taza
compacta (105 g/3½ oz)

**Melaza clara o piloncillo
derretido,** ½ taza
(170 g/5 ½ oz)

Crema ácida, ½ taza
(125 g/4 oz)

Huevos, 2

RINDE UN PASTEL
REDONDO DE 23 CM
(9 IN)

pastel de chocolate oscuro

Mantequilla sin sal,
¾ taza (185 g/6 oz), derretida

Chocolate semi amargo simple, 250 g (8 oz), picado

Chocolate sin edulcorante,
30 g (1 oz), picado

Huevos, 6

Sal, ⅛ cucharadita

Azúcar granulada,
½ taza (125 g/4 oz)

Azúcar mascabado, ½ taza compacta (105 g/3 ½ oz)

Cognac, ron o café doble preparado,
2 cucharadas

Harina, 6 cucharadas
(60 g/2 oz), cernida

Azúcar glass,
2 cucharadas

RINDE UN PASTEL
REDONDO DE 23 CM
(9 IN)

1 Prepare el molde para pastel
Coloque una rejilla en el centro del horno y precaliente a 180°C (350°F). Forre la base de un molde desmontable para pastel de 23 cm (9 in) con papel encerado (para hornear).

2 Mezcle la masa
En una olla pequeña sobre fuego medio-bajo derrita la mantequilla y los chocolates, moviendo para mezclar. Retire del fuego. En un tazón grande, usando una batidora eléctrica a velocidad alta, bata los huevos con la sal hasta que espesen y se aclaren. Incorpore gradualmente el azúcar granulada y mascabado, batiendo cerca de 5 minutos, hasta que la mezcla esté clara y haya duplicado su volumen. Integre, batiendo, el Cognac. Usando una espátula de hule integre la mezcla de chocolate derretido y la harina. Vierta la masa en el molde preparado.

3 Hornee el pastel
Hornee 30 ó 35 minutos hasta que la superficie esté firme y al insertar un palillo de madera en el centro del pastel éste salga limpio. Deje enfriar cerca de 10 minutos dentro del molde colocándolo sobre una rejilla de alambre. Retire las orillas del molde y deje enfriar el pastel a temperatura ambiente. Espolvoree la superficie con azúcar glass pasándolo a través de un colador, corte en rebanadas y sirva.

sugerencia del chef

Para convertir este sencillo pastel en un postre impresionante para una fiesta, agregue un poco de coulis de frambuesa. Para hacer el coulis, muela 2 tazas (250 g/8 oz) de frambuesas en una licuadora o procesador de alimentos y cuele a través de un colador de malla fina hacia un tazón. Agregue azúcar y jugo de limón fresco al gusto.

sugerencia del chef

Puede hornear esta misma masa
en dos moldes para panqué de
21.5 x 11.5 cm (8 ½ x 4½-in).
Engrase con mantequilla y
enharine los moldes como se
indica en la receta, divida la masa
uniformemente entre los moldes.
Hornee como se indica con
anterioridad.

pastel de plátano y miel

1 Prepare el molde

Coloque una rejilla en el centro del horno y precaliente a 180°C (350°F). Engrase con mantequilla un molde cuadrado de 23 cm (9 in). Espolvoree con harina y sacuda el exceso.

2 Mezcle la masa

En un tazón mezcle la harina, polvo para hornear, bicarbonato de sodio, canela y sal. En otro tazón grande, usando una batidora eléctrica a velocidad media, bata la mantequilla con el azúcar mascabado hasta acremar. Agregue la miel de abeja y bata hasta integrar por completo. Añada los huevos, aumente la velocidad a medio-alta y bata hasta suavizar. Integre los ingredientes secos con los ingredientes húmedos en 2 adiciones, alternando con los plátanos machacados y batiendo a velocidad media después de cada adición, hasta suavizar. Extienda la pasta uniformemente en el molde preparado. Espolvoree uniformemente con las nueces, si las usa.

3 Hornee el pastel

Hornee 35 ó 40 minutos, hasta que al insertar un palillo de madera en el centro del pastel éste salga limpio. Deje enfriar totalmente dentro del molde colocándolo sobre una rejilla de alambre. Corte en cuadros y sirva.

Harina, 2¼ tazas (360 g/11½ oz)

Polvo para hornear, 1 cucharadita

Bicarbonato de sodio, 1 cucharadita

Canela molida, 1 cucharadita

Sal, ½ cucharadita

Mantequilla sin sal, ½ taza (125 g/4 oz), más 2 cucharadas

Azúcar mascabado, ½ taza compacta (105 g/3 ½ oz)

Miel de abeja, ½ taza (185 g/6 oz)

Huevos, 2

Plátanos, 2, sin piel y machacados

Nuez de castilla o almendras, ⅔ taza (75 g/2 ½ oz) picadas (opcional)

RINDE UN PASTEL CUADRADO DE 23 CM (9 IN)

barras de limón
y buttermilk

Mantequilla sin sal,
6 cucharadas (90 g/3 oz),
a temperatura ambiente

Azúcar granulada,
¼ taza (60 g/2 oz), más
⅔ taza (155 g/5 oz)

Harina, ⅔ taza (90 g/3 oz),
más 2 cucharadas

Sal, ⅛ cucharadita

Huevos, 2

Ralladura de limón,
1 cucharada, finamente rallada

Jugo de limón, ⅓ taza
(80 ml/3 fl oz)

Buttermilk o yogurt,
½ taza (125 ml/4 fl oz)

Azúcar glass,
para espolvorear

RINDE 8 BARRAS

1 Mezcle la masa
Coloque una rejilla en el centro del horno y precaliente a 180ºC (350ºF). Engrase con mantequilla la base y lados de un molde cuadrado de 20 cm (8 in). En un tazón grande, usando una batidora eléctrica a velocidad media, bata la mantequilla con ¼ taza de azúcar granulada hasta acremar. Agregue ⅔ taza de harina y la sal y mezcle a velocidad baja hasta integrar por completo. Usando una cuchara coloque la masa en el molde preparado y presione uniformemente sobre la base del molde. Hornee 15 ó 18 minutos, hasta que la corteza se dore.

2 Haga el relleno
Mientras tanto, en un tazón grande, usando una batidora eléctrica a velocidad media, bata los huevos y los ⅔ taza restante de azúcar granulada hasta integrar por completo. Añada las 2 cucharadas restantes de harina, la ralladura y jugo de limón y el buttermilk; bata hasta suavizar. Vierta el relleno uniformemente sobre la corteza horneada.

3 Hornee el relleno
Hornee 20 ó 25 minutos, hasta que la superficie del relleno esté firme y ligeramente dorada en las orillas. Deje enfriar totalmente dentro del molde colocándolo sobre una rejilla de alambre. Corte en 8 barras, espolvoree con azúcar glass pasándolo a través de un colador y sirva.

sugerencia del chef

Cuide el crumble mientras se hornea. Si la cubierta empieza a dorarse antes de que las manzanas se hayan cocido, tape el molde con papel aluminio y reduzca la temperatura del horno a 180°C (350°F). Ese es un truco que se puede usar para casi cualquier platillo horneado que tenga peligro de dorarse antes de estar cocido.

crumble
de manzana

1 Prepare las manzanas

Coloque una rejilla en el centro del horno y precaliente a 190°C (375°F). Engrase con mantequilla un molde o refractario cuadrado para pay de 25 cm (10 in) o de 23 cm (9 in). Pele y descorazone las manzanas; rebánelas y colóquelas en un tazón. Agregue el jugo de limón y el azúcar granulada y mezcle para cubrir. Coloque las manzanas en el molde preparado y presiónelas para que queden de la misma altura.

2 Mezcle la cubierta

En un tazón mezcle la avena, azúcar mascabado, harina, canela, sal y nueces, si las usa. Vierta la mantequilla derretida sobre la mezcla de avena y revuelva con un tenedor hasta humedecer uniformemente. Tape las manzanas uniformemente con la cubierta.

3 Hornee el crumble

Hornee 35 ó 40 minutos hasta que las manzanas se sientan suaves al picarlas con un cuchillo y que la cubierta esté dorada. Deje enfriar ligeramente dentro del molde colocándolo sobre una rejilla de alambre. Usando una cuchara sirva el crumble en tazones, cubra cada ración con una cucharada de crema batida o una bola de helado, si lo desea, y sirva.

Manzanas ácidas como las Granny Smith, aproximadamente 1 kg (2 lb)

Jugo de limón, 1 cucharada

Azúcar granulada, 2 cucharadas

Hojuelas de avena estilo antiguo, ¾ taza (75 g/2 ½ oz)

Azúcar mascabado, ½ taza compacta (105 g/3 ½ oz g)

Harina, ⅓ taza (60 g/2 oz)

Canela molida, 1 cucharadita

Sal, 1 pizca

Nuez de castilla o americana, ½ taza (60 g/2 oz), picadas (opcional)

Mantequilla sin sal, 6 cucharadas (90 g/3 oz), derretida

Crema batida o helado de vainilla, para acompañar (opcional)

6 PORCIONES

55

shortbread de limón
y semilla de amapola

Mantequilla sin sal,
½ taza (125 g/4oz), más
3 cucharadas

Azúcar glass,
½ taza (60 g/2 oz)

Ralladura de limón,
2 cucharaditas,
finamente rallada

Harina, 1 ½ taza (235 g/7 ½
oz), más 2 cucharadas

Semillas de amapola,
2 cucharadas

Sal, 1 pizca

RINDE 12 GALLETAS

1 Precaliente el horno
Coloque una rejilla en el centro del horno y precaliente a 165ºC (325ºF). Prepare un molde para pastel o pay de 23 cm (9 in).

2 Mezcle la masa
En un tazón grande, usando una batidora eléctrica a velocidad media, bata la mantequilla, azúcar y ralladura de limón hasta acremar. Agregue la harina, semillas de amapola y sal y bata a velocidad baja hasta integrar y suavizar la masa.

3 Hornee el shortbread
Presione la masa uniformemente en el molde. Pique ligeramente la superficie con un tenedor. Usando un cuchillo filoso, haga cortes poco profundos en la masa para marcar 12 rebanadas iguales. Hornee 45 ó 50 minutos, hasta que esté firme y ligeramente dorado en las orillas. Deje enfriar totalmente dentro del molde colocándolo sobre una rejilla de alambre. Invierta cuidadosamente el shortbread hacia un plato y vuelva a invertir una vez más sobre una tabla de picar. Corte en rebanadas usando las marcas que hizo como guía y sirva.

sugerencia del chef

Puede preparar la masa de este shortbread por adelantado, haga una barra de 5 cm (2 in) de diámetro, envuelva herméticamente en plástico adherente y almacene en el refrigerador hasta por 2 días o en el congelador hasta por 2 meses. Cuando quiera hornearlo, descongele la masa en el refrigerador durante toda la noche, corte la barra en rebanadas de 6 mm (¼ in) de grueso y hornee a 180°C (350°F) cerca de 10 minutos, hasta que estén ligeramente doradas.

sugerencia del chef

Para separar los huevos coloque
3 tazones pequeños, uno junto al
otro. Rompa el primer huevo y
separe las mitades de cascarón.
Pase la yema de un cascarón a
otro, dejando la clara caer en el
primer tazón. Coloque la yema
en el segundo tazón. Pase la clara
al tercer tazón y repita la
operación con los demás huevos.
(Siempre empiece con un tazón
vacío ya que una pizca de yema
hace que las claras no se
esponjen totalmente.)

pastel chiffon
de naranja

1 Mezcle la masa

Coloque una rejilla en el tercio inferior del horno y precaliente a 165°C (325°F). Tenga listo un molde de rosca de 25 cm (10 in) sin engrasar. Cierna la harina con el azúcar, polvo para hornear y sal sobre una hoja de papel encerado (para hornear) o sobre un plato. En un tazón grande bata el aceite, las 6 yemas de huevo, la ralladura y el jugo de naranja, y ¼ taza (60 ml/2 fl oz) de agua hasta integrar por completo. Usando una espátula de hule integre los ingredientes secos con los ingredientes húmedos, con movimiento envolvente, hasta obtener una masa tersa.

2 Bata las claras de huevo

En un tazón, usando una batidora eléctrica a velocidad media-alta, bata las 8 claras de huevo con el cremor tártaro hasta que se formen picos suaves. Usando una espátula de hule mezcle la mitad de las claras con la masa, con movimiento envolvente, hasta integrar. Incorpore las claras restantes sólo hasta mezclar. Vierta la masa uniformemente en el molde.

3 Hornee el pastel

Hornee 50 ó 60 minutos, hasta que al insertar un palillo de madera cerca del centro éste salga limpio. Invierta el molde sobre una rejilla de alambre y deje enfriar cerca de una hora. Pase un cuchillo de hoja delgada alrededor de la orilla exterior e interior del molde e invierta el pastel sobre un platón de servicio. Corte en rebanadas y sirva.

Harina preparada para pastel, 2¼ tazas (280 g/9 oz) o harina de trigo (simple), 2 tazas (250 g/8 oz)

Azúcar, 1½ taza (375 g/12 oz)

Polvo para hornear, 1 cucharada

Sal, 1 cucharadita

Aceite de canola, ½ taza (125 ml/4 fl oz)

Huevos, 6 enteros, separados, más 2 claras

Ralladura de naranja, 2 cucharadas, finamente rallada

Jugo de naranja, ½ taza (125 ml/4 fl oz)

Cremor tártaro, ½ cucharadita

RINDE UN PASTEL REDONDO DE 25 CM (10 IN)

pan de dátil y nuez

Mantequilla sin sal,
3 cucharadas

Dátiles, 1 ¼ taza
(235 g/7 ½ oz)
deshuesados y picados

Bicarbonato de sodio,
1 cucharadita

Agua hirviendo, ¾ taza
(180 ml/6 fl oz)

Huevos, 2

Azúcar mascabado,
¾ taza compacta
(185 g/6 oz)

Harina, 1 ½ taza
(235 g/7 ½ oz)

Canela molida,
1 cucharadita

Sal, ⅛ cucharadita

Nuez americana,
¾ taza (90 g/3 oz), tostadas
y picadas

RINDE UN PANQUÉ

1 Prepare el molde
Coloque una rejilla en el centro del horno y precaliente a 180°C (350°F). Engrase ligeramente con mantequilla un molde para panqué de 21.5 cm x 11.5 cm (8 ½ x 4 ½-in).

2 Mezcle la masa
En un tazón mezcle la mantequilla, dátiles y bicarbonato de sodio. Agregue el agua hirviendo y deje reposar cerca de 5 minutos, hasta que los dátiles estén suaves y la mezcla se haya enfriado ligeramente. Mientras tanto, en otro tazón bata los huevos con el azúcar mascabado hasta integrar por completo. Agregue la mezcla de dátil, harina, canela, sal y nueces; mezcle. Extienda la masa uniformemente en el molde preparado.

3 Hornee el pan
Hornee el pan cerca de una hora, hasta que un palillo de madera insertado en el centro del pan salga limpio. Deje enfriar en el molde colocándolo sobre una rejilla de alambre durante 10 minutos. Pase un cuchillo delgado alrededor de la orilla del molde, invierta el panqué sobre la rejilla y deje enfriar totalmente. Corte en rebanadas y sirva.

sugerencia del chef

Esta misma masa se puede usar
para hacer mantecadas. Cubra
12 moldes para mantecadas con
capacillos de papel y, usando una
cuchara, llene los moldes hasta
3/4 partes con la masa. Hornee
en el horno precalentado a 190°C
(375°F) cerca de 25 minutos,
hasta que al insertar un palillo de
madera en el centro de una
mantecada éste salga limpio.

pastel de almendras

1 Prepare el molde

Coloque una rejilla en el centro del horno y precaliente a 180ºC (350ºF). Engrase con mantequilla un molde de rosca tipo Bundt de 25 cm (10 in) o dos moldes para panqué de 21.5 cm x 11.5 cm (8½ x 4½-in) Espolvoree con harina y sacuda el exceso. En un procesador de alimentos procese las hojuelas de almendra hasta moler finamente.

2 Prepare la masa

En un tazón grande, usando una batidora eléctrica a velocidad media, bata la mantequilla con el azúcar granulada hasta acremar. Agregue los huevos, uno a la vez, batiendo bien después de cada adición. Integre los extractos de vainilla y almendra. En otro tazón mezcle la harina, bicarbonato de sodio y sal. Integre los ingredientes secos con los ingredientes húmedos en 2 adiciones, alternando con la crema ácida y batiendo a velocidad baja después de cada adición, hasta obtener una mezcla tersa. Incorpore las almendras molidas. Extienda la masa uniformemente en el(los) molde(s) preparado(s). Si usa moldes para panqué, espolvoree uniformemente con las almendras rebanadas.

3 Hornee el pastel

Hornee aproximadamente 1 ó 1¼ hora, hasta que el pastel esté dorado y que al insertar un palillo de madera en el centro éste salga limpio. Deje enfriar en el molde colocándolo sobre una rejilla de alambre durante 10 minutos. Invierta el pastel sobre la rejilla y retire el molde. Deje enfriar el pastel totalmente. Espolvoree la superficie con azúcar glass pasándolo a través de un colador, corte en rebanadas y sirva.

Hojuelas de almendra blanqueadas, 1 taza (140 g/4½ oz), tostadas

Mantequilla sin sal, 1 taza (250 g/8 oz), a temperatura ambiente

Azúcar granulada, 2 tazas (500 g/1 lb)

Huevos, 6

Extracto (esencia) de vainilla, 1½ cucharadita

Extracto (esencia) de almendra, ½ cucharadita

Harina, 3 tazas (470 g/15 oz)

Bicarbonato de sodio, ¼ cucharadita

Sal, ¼ cucharadita

Crema ácida, 1 taza (250 g/8 oz)

Almendras rebanadas, ½ taza (60 g/2 oz) (opcional)

Azúcar glass, para espolvorear

RINDE UN PASTEL DE 25 CM (10 IN) O DOS PANQUÉS

tarta de ricotta con arándanos

Arándanos secos,
½ taza (60 g/2 oz)

Triple Sec u otro licor de naranja, 3 cucharadas

Pasta de hojaldre, 250 g

Queso ricotta, 2 tazas (500 g/1 lb)

Huevos, 2

Azúcar granulada,
⅔ taza (155 g/5 oz)

Fécula de maíz (maicena),
2 cucharadas

Extracto (esencia) de vainilla, 1 ½ cucharadita

Cáscara de naranja caramelizada, ⅓ taza (60 g/2 oz), finamente picada

Azúcar glass,
para espolvorear (opcional)

DE 10 A 12 PORCIONES

1 Hornee la pasta

Coloque una rejilla en el centro del horno y precaliente a 220ºC (425ºF). Forre una charola para hornear con papel encerado (para hornear). En un tazón pequeño mezcle los arándanos con el licor y deje reposar cerca de 5 minutos, hasta que estén rechonchos. Mientras tanto, coloque la pasta de hojaldre sobre una superficie de trabajo ligeramente enharinada y haga un rectángulo de de 40 cm x 30 cm (16 in x 12 in). Pase el rectángulo a la charola preparada, doble las orillas 2.5 cm (1 in) para hacer un borde y presione las orillas para darles una forma decorativa. Congele durante 5 minutos, hornee 15 ó 17 minutos, picando la masa por todos lados con un tenedor cada 3 ó 4 minutos, hasta que esté ligeramente dorada.

2 Prepare el relleno

Mientras tanto, mezcle en un procesador de alimentos el ricotta, huevos, azúcar granulada, fécula de maíz y vainilla y pulse hasta integrar por completo. Incorpore la cáscara de naranja, los arándanos y el licor. Cuando la corteza esté lista, retírela del horno y extienda cuidadosamente el relleno en la corteza de manera uniforme.

3 Hornee la tarta

Vuelva a colocar la tarta en el horno y reduzca la temperatura a 180ºC (350ºF). Hornee cerca de 15 minutos más, hasta que el relleno esté ligeramente esponjado y firme. Deje enfriar totalmente sobre una rejilla de alambre. Refrigere por lo menos una hora. Espolvoree la tarta con azúcar glass pasándolo a través de un colador, si lo desea.
Corte en cuadros y sirva.

sugerencia del chef

CLa cáscara de naranja
caramelizada se puede encontrar
en muchas tiendas especializadas
en alimentos. Para hacerla usted
mismo, retire las cáscaras de
2 naranjas. Hierva una taza (250
g/8 oz) de azúcar con ½ taza
(125 ml/4 fl oz) de agua y 3
cucharadas de miel de maíz clara,
moviendo. Agregue la cáscara y
hierva a fuego lento durante una
hora. Escurra, deje enfriar
ligeramente en una rejilla de
alambre y revuelque en azúcar.

sugerencia del chef

Busque la pasta filo en paquetes de 500 g (1 lb) en tiendas de alimentos árabes o supermercados bien surtidos. Deje descongelar en el refrigerador durante toda la noche y deje reposar a temperatura ambiente antes de separar las hojas. Una vez que las hojas estén fuera del empaque, cúbralas con plástico adherente para evitar que se sequen. Vuelva a colocar las hojas que no usó en el refrigerador y use en menos de 3 días.

rollo de pasta filo con espinacas y queso feta

1 Prepare el relleno
Coloque una rejilla en el centro del horno y precaliente a 190°C (375°F). Forre una charola para hornear con papel encerado (para hornear). En una sartén sobre fuego medio caliente el aceite. Agregue las cebollitas de cambray y saltee cerca de 4 minutos, hasta suavizar. Añada la espinaca y saltee aproximadamente un minuto, hasta que se marchite ligeramente. Retire del fuego e integre el perejil, la nuez moscada y sal y pimienta al gusto. Deje enfriar ligeramente. En un tazón grande bata los huevos con un tenedor hasta incorporar por completo; integre el queso feta. Agregue la mezcla de espinaca y revuelva para integrar.

2 Haga el rollo
Extienda una hoja de pasta filo sobre una superficie de trabajo y barnice con mantequilla derretida. Cubra con una segunda hoja y barnice con mantequilla. Repita la operación con las demás hojas, barnizando cada una con mantequilla. Usando una cuchara coloque la mezcla de espinaca en línea sobre uno de los lados largos de la pasta filo, dejando una orilla de aproximadamente 4 cm (1½ in) en los extremos. Doble la orilla larga sobre el relleno, doble las orillas y enrolle la pasta cubriendo el relleno.

3 Hornee el rollo
Coloque el rollo, con la unión hacia abajo, sobre la charola preparada. Barnice la superficie con mantequilla y espolvoree con las semillas de ajonjolí. Hornee 30 ó 35 minutos, hasta que el rollo esté dorado. Deje enfriar ligeramente sobre la charola colocándola sobre una rejilla de alambre. Corte en rebanadas y sirva.

Aceite de oliva, 1 cucharada

Cebollitas de cambray,
8, sus partes blancas y verde claro, picadas

Espinaca miniatura,
500 g (1 lb)

Perejil liso (italiano) fresco, 3 cucharadas, finamente picado

Nuez moscada,
½ cucharadita

Sal y pimienta recién molida

Huevos, 3

Queso feta, 185 g (6 oz), desmoronado

Pasta filo, 6 hojas, descongeladas

Mantequilla sin sal,
3 ó 4 cucharadas, derretida y ligeramente fría

Semillas de ajonjolí,
2 cucharadas

6 PORCIONES

haga más
para almacenar

estrellas de chocolate

MASA PARA GALLETAS DE CHOCOLATE

Mantequilla sin sal,
1½ taza (375 g/12 oz), a temperatura ambiente

Azúcar mascabado, 3 tazas compactas (655 g/21 oz)

Huevos, 3

Extracto (esencia) de vainilla,
1 cucharada

Harina, 3½ tazas (545 g/17½ oz)

Polvo de cocoa sin edulcorante, 1 taza (90 g/3 oz), más 2 cucharadas

Bicarbonato de sodio,
1½ cucharadita

Cremor tártaro,
1½ cucharadita

Sal, ¾ cucharadita

Azúcar gruesa,
aproximadamente 4 cucharadas, para espolvorear

RINDE APROXIMADAMENTE 40 GALLETAS
rinde para 3 discos de masa de galletas

Esta sencilla masa con sabor a chocolate proporciona tres tantos de galletas, incluyendo estas galletas con forma de estrella y los sándwiches de galletas que se pueden rellenar con betún o con helado que se muestran en las siguientes páginas.

1 **Mezcle la masa**
En un tazón grande, usando una batidora eléctrica a velocidad media, bata la mantequilla con el azúcar granulada hasta que esté cremosa. Agregue los huevos y la vainilla y bata hasta obtener una mezcla tersa. En otro tazón mezcle la harina, cocoa en polvo, bicarbonato de sodio, cremor tártaro y sal. Integre los ingredientes secos con los ingredientes húmedos y bata a velocidad baja hasta incorporar por completo. Extienda la masa sobre una superficie de trabajo enharinada. Divida la masa en 3 porciones iguales, forme un círculo plano con cada porción y envuelva por separado en plástico adherente. Refrigere un disco por lo menos durante una hora para usarlo en esta receta y almacene los 2 disco restantes para usar en un futuro (vea Consejo de Almacenamiento, a la derecha).

2 **Extienda y corte la masa**
Coloque una rejilla en el centro del horno y precaliente a 180ºC (350ºF). Forre 2 charolas para hornear con papel encerado (para hornear). Sobre una superficie de trabajo coloque el disco entre dos hojas de plástico adherente y

extienda hasta dejarlo de 3 mm (⅛ in) de grueso. Usando un molde para galletas de 5 cm en forma de estrella o algún otro diseño, corte las galletas. Pase a las charolas preparadas,

dejando un espacio de 4 cm (1½ in) entre ellas. Reúna los sobrantes, vuelva a extender y corte más galletas. Espolvoree las galletas con azúcar gruesa.

3 **Hornee las galletas**
Hornee de 8 a 10 minutos, hasta que las orillas estén crujientes. Deje enfriar ligeramente en las charolas, pase a una rejilla y deje enfriar totalmente.

consejo de almacenamiento

Los discos de masa se pueden almacenar en el refrigerador hasta por 3 días o en el congelador hasta por un mes. Si congela los discos, envuelva en plástico adherente y colóquelos en bolsas de plástico grueso con cierre hermético. Descongele durante toda la noche dentro del refrigerador antes de usarlos.

sugerencia del chef

Para darle un toque decorativo, revuelque las orillas de los sándwiches en pequeñas chispas de chocolate (simple) o en almendras finamente picadas antes de congelar.

sándwiches
de helado

1 Extienda y corte la masa

Coloque una rejilla en el centro del horno y precaliente a 180°C (350°F). Forre 2 charolas para hornear con papel encerado (para hornear). Sobre una superficie de trabajo coloque el disco de masa entre dos hojas de plástico adherente y extienda hasta dejarlo de 6 mm (¼ in) de grueso. Usando un molde redondo para galletas de 7.5 cm (3 in) corte las galletas. Pase a las charolas preparadas, dejando un espacio de 5 cm (2 in) entre ellas. Reúna los sobrantes, vuelva a extender y corte más galletas. Necesitará 16 galletas.

2 Hornee las galletas

Hornee de 8 a 10 minutos, hasta que las orillas estén crujientes. Deje enfriar ligeramente en las charolas colocándolas sobre rejillas de alambre durante 2 minutos. Pase a rejillas de alambre y deje enfriar totalmente.

3 Haga los sándwiches

Coloque 8 galletas, con la parte inferior hacia arriba, sobre una superficie de trabajo. Coloque una bola del helado sobre cada galleta. Cubra con las 8 galletas restantes poniendo la parte inferior hacia abajo y presione suavemente para unir cada sándwich y aplanar el helado uniformemente. Coloque cada sándwich en una bolsa pequeña de plástico con cierre hermético, cierre la bolsa y congele por lo menos durante una hora. Para mantener los sándwiches frescos durante más tiempo, colóquelos en bolsas de plástico grueso con cierre hermético y almacene en el congelador hasta por 3 semanas.

Masa para Galletas de Chocolate (página 70), 1 disco, a temperatura ambiente

Helado, 750 ml (24 fl oz) del sabor de su elección, ligeramente suavizado

RINDE 8 SÁNDWICHES

sándwiches de moka

Masa para Galletas de Chocolate (página 70),
1 disco, a temperatura ambiente

Mantequilla sin sal,
1 ½ cucharada, a temperatura ambiente

Azúcar glass,
½ taza (60 g/2 oz)

Cocoa en polvo sin edulcorante, 2 cucharaditas

Café doble o expreso preparado,
1 cucharada

RINDE APROXIMADAMENTE 20 GALLETAS

1 Extienda y corte la masa
Coloque una rejilla en el centro del horno y precaliente a 180°C (350°F). Forre 2 charolas para hornear con papel encerado (para hornear). Sobre una superficie de trabajo haga una barra de aproximadamente 45 cm (2 in) de largo con el disco de masa. Usando un cuchillo filoso corte en rebanadas de 3 mm (⅛ inin) de grueso. Pase a las charolas preparadas dejando un espacio de 4 cm (1 ½ in) entre ellas.

2 Hornee las galletas
Hornee 8 ó 10 minutos, hasta que las orillas estén crujientes. Deje enfriar las galletas ligeramente en las charolas colocándolas sobre rejillas de alambre durante 2 minutos. Pase a rejillas de alambre y deje enfriar totalmente.

3 Rellene las galletas
Para hacer el betún, acreme la mantequilla en un tazón pequeño usando un tenedor. Espolvoree el azúcar y la cocoa sobre la mantequilla y mezcle hasta integrar por completo. Integre el café y mezcle. Coloque la mitad de las galletas, con la parte inferior hacia arriba, sobre una superficie de trabajo. Usando una espátula para betún extienda el betún sobre las galletas dividiéndolo uniformemente. Cubra con las galletas restantes, colocando la parte inferior hacia abajo. Deje reposar a temperatura ambiente cerca de una hora, hasta que se cuajen y sirva.

sugerencia del chef

En lugar de rellenar las galletas con betún de moka, puede cubrirlas con mermelada de frambuesa o queso mascarpone ligeramente endulzado con azúcar glass y unas gotas de licor de frambuesa o Cognac.

tarta de queso crema y fresas

MASA PARA TARTA

Harina, 3 tazas
(470 g/15 oz)

Azúcar glass (para repostería),
⅓ taza (45 g/1 ½ oz)

Mantequilla sin sal, 1 ½
taza (375 g/12 oz), fría,
cortada en cubos

Agua con hielos, ⅓ taza
(80 ml/3 fl oz)

Queso crema, 185 g (6 oz),
a temperatura ambiente

Crema dulce para batir,
¾ taza (180 ml/6 fl oz)

Azúcar glass,
¼ taza (30 g/1 oz)

**Extracto (esencia)
de vainilla,**
1 cucharada

Fresas, 2 tazas
(250 g/8 oz), sin tallos
y partidas longitudinalmente
a la mitad

RINDE UNA TARTA DE
24 CM (9 ½-IN)

rinde 3 discos de pasta
para tarta

Con esta receta tendrá suficiente pasta para dos cortezas grandes para tarta, más un cuarteto de cortezas para tartaletas. La pasta se hace fácilmente en un procesador de alimentos y se hornea para lograr un dulce, crujiente y amantequillado resultado.

1 Haga la pasta
En un procesador de alimentos mezcle la harina, ⅓ taza de azúcar granulada y la mantequilla. Pulse hasta que la mezcla forme grumos gruesos aproximadamente del tamaño de un chícharo. Agregue el agua y procese sólo hasta que se formen migas finas. Pase a una superficie de trabajo, divida en 3 porciones iguales y presione cada una para hacer un disco. Reserve un disco y envuelva 2 discos en plástico adherente para uso futuro (vea Consejo de Almacenamiento a la derecha).

2 Hornee la corteza de tarta
Coloque una rejilla en el centro del horno y precaliente a 220°C (425°F). Coloque el disco de pasta sobre una superficie ligeramente enharinada y extienda hasta obtener un disco de 26 cm (10½-in). Pase a un molde para tarta de 24 cm (9½-in) con base desmontable. Doble el sobrante sobre sí mismo y presiónelo sobre los bordes del molde para hacer una orilla reforzada. Congele durante 5 minutos. Hornee 15 ó 18 minutos, hasta dorar. Pase el molde a una rejilla de alambre y deje enfriar.

3 Termine la tarta
En un tazón grande, usando una batidora eléctrica a velocidad media, bata el queso crema hasta que esté ligero. Agregue la crema, ¼ taza de azúcar y la vainilla y bata 2 ó 3 minutos, hasta obtener una mezcla tersa. Extienda el relleno uniformemente en la corteza de la tarta. Coloque las fresas, con su lado cortado hacia abajo, sobre el relleno. Tape y enfríe cerca de 2 horas. Retire la orilla del molde, corte en rebanadas y sirva.

consejo de almacenamiento

Los discos de pasta se pueden almacenar en el refrigerador hasta por 3 días o en el congelador hasta por un mes. Si los congela, envuelva en plástico adherente y después coloque en bolsas de plástico con cierre hermético; descongele durante toda la noche en el refrigerador antes de usarlo. O extienda la pasta y cubra un molde para tarta, coloque el molde en una bolsa de plástico y refrigere o congele hasta el momento necesario.

sugerencia del chef

Si no tiene un hervidor doble, usted puede crear fácilmente uno al colocar un tazón de acero inoxidable sobre una olla con un poco de agua hirviendo a fuego lento. Asegúrese de que el tazón no toque el agua.

tarta
de limón

1 Hornee la corteza de tarta

Coloque una rejilla en el centro del horno y precaliente a 220°C (425°F). Coloque el disco de pasta sobre una superficie ligeramente enharinada y extienda hasta obtener un disco de 26 cm (10½ in) Pase la pasta cuidadosamente a un molde para tarta de 24 cm (9 ½ in) con base desmontable. Doble el sobrante sobre sí mismo y presiónelo sobre los bordes del molde para hacer una orilla reforzada. Congele durante 5 minutos. Hornee 15 ó 18 minutos, hasta dorar. Pase a una rejilla de alambre y deje enfriar.

2 Prepare el relleno

En un tazón pequeño disuelva la fécula de maíz en 2 cucharadas de agua. En la olla superior de un hervidor doble bata los huevos, ralladura y jugo de limón, azúcar y mezcla de fécula de maíz. Coloque sobre la olla inferior con agua hirviendo a fuego lento y bata cerca de 10 minutos, hasta espesar. Retire del fuego e integre la mantequilla, batiendo.

3 Termine la tarta

Vierta el relleno caliente dentro de la corteza de tarta horneada. Refrigere por lo menos durante 2 horas o hasta por 24 horas. Retire la orilla del molde y corte la tarta en rebanadas. Cubra cada porción con una cucharada de crema batida, si lo desea, y sirva.

Pasta para tarta (página 76),
1 disco, a temperatura ambiente

Fécula de maíz (maicena),
1 cucharada

Huevos, 5

Ralladura de limón,
2 cucharaditas, finamente rallado

Jugo de limón italiano o amarillo, ⅔ taza
(160 ml/5 fl oz) o al gusto

Azúcar, ¾ taza (185 g/6 oz)

Mantequilla sin sal,
6 cucharadas (90 g/3 oz), cortada en trozos pequeños

Crema batida, para acompañar (opcional)

RINDE UNA TARTA DE 24 CM (9 ½-IN)

tartaletas de chocolate y frambuesa

Pasta para tarta (página 76),
1 disco, a temperatura ambiente

Mantequilla sin sal,
4 cucharadas (60 g/2 oz)

Chocolate semi amargo,
185 g (6 oz), finamente picado

Café doble o expreso preparado,
1 cucharadita

Huevos, 3

Azúcar granulada,
²⁄₃ taza (155 g/5 oz)

Extracto (esencia) de vainilla,
1 cucharadita

Frambuesas, 1 ¹⁄₃ taza (170 g/5 ½ oz)

Azúcar glass,
para espolvorear

RINDE 4 TARTALETAS

1 Hornee parcialmente las cortezas de tarta
Coloque una rejilla en el centro del horno y precaliente a 220°C (425°F). Divida el disco de pasta en 4 porciones iguales. Presione cada trozo uniformemente en la base y lados de un molde para tartaleta de 11.5 cm (4 ½-in) con fondo desmontable. Congele durante 5 minutos. Coloque los moldes sobre una charola para hornear y hornee cerca de 5 minutos, hasta dorar muy ligeramente. Deje enfriar sobre una charola de hornear colocándola sobre una rejilla de alambre. Reduzca la temperatura del horno a 190°C (375°F).

2 Prepare el relleno
En una olla sobre fuego bajo mezcle la mantequilla, chocolate y café. Caliente cerca de 3 minutos, moviendo hasta que se derrita e integre por completo. En un tazón bata los huevos hasta incorporar por completo. Integre el azúcar gradualmente, batiendo. Agregue la mezcla de chocolate y la vainilla. Vierta el relleno en las cortezas de tarta parcialmente horneadas, dividiéndolo uniformemente.

3 Hornee las tartaletas
Hornee aproximadamente 15 minutos, hasta que el relleno se cuaje. Pase las tartaletas a una rejilla de alambre y deje enfriar. Acomode las frambuesas sobre el relleno. Espolvoree las tartaletas con azúcar glass pasándolo a través de un colador. Retire las orillas de los moldes, resbale las tartas de las bases a 4 platos para postre y sirva.

sugerencia del chef

Para hacer una tarta grande, extienda la pasta y cubra un molde para tarta de 24 cm (9½-in). Congele durante 5 minutos. Hornee parcialmente a 220ºC (425ºF) durante 10 minutos. Deje enfriar, vierta el relleno en la corteza y hornee a 190ºC (375ºF) cerca de 25 minutos, hasta que cuaje. Cubra con las frambuesas y espolvoree con azúcar glass como se indica en la receta.

sugerencia del chef

Para preparar bonitas rebanadas
de pera para hacer una tarta,
parta la pera longitudinalmente
a la mitad y retire el tallo.
Usando una cuchara para melón
retire y deseche el corazón.
Por último, pele las mitades de
pera y corte longitudinalmente
en rebanadas delgadas.

tarta de natilla de pera

1 Hornee parcialmente la corteza de tarta

Coloque una rejilla en el centro del horno y precaliente a 220°C (425°F). Coloque el disco de pasta sobre una superficie de trabajo ligeramente enharinada y extienda haciendo un círculo de 26 cm (10½ inCuidadosamente pase la pasta a un molde para tarta de 24 cm (9½ in) con base desmontable. Doble la pasta sobrante sobre sí misma y presiónela al borde del molde para hacer una orilla resistente. Congele durante 5 minutos. Hornee 8 ó 10 minutos, hasta que esté ligeramente dorada. Deje enfriar dentro del molde colocándolo sobre una rejilla de alambre.

2 Prepare el relleno

Acomode las rebanadas de pera en la corteza de tarta parcialmente horneada. En un tazón, usando una batidora eléctrica a velocidad media, bata los huevos hasta que estén claros. Integre el azúcar, batiendo. Añada la mantequilla, crema, ralladura de limón, harina y vainilla y mezcle hasta integrar por completo. Vierta la mezcla uniformemente sobre las peras.

3 Hornee la tarta

Hornee la tarta durante 15 minutos. Reduzca la temperatura del horno a 200°C (400°F) y hornee cerca de 25 minutos más, hasta que el relleno se cuaje y la corteza esté dorada. Deje enfriar ligeramente en el molde colocándolo sobre una rejilla de alambre. Retire la orilla del molde. Corte la tarta en rebanadas y sirva.

Pasta para tarta (página 76),
1 disco, a temperatura ambiente

Peras Bartlett, Anjou o Bosc, 4, sin piel, descorazonadas y rebanadas finamente

Huevos, 2

Azúcar, ⅔ taza (155 g/5 oz)

Mantequilla sin sal, 2 cucharadas, derretidas

Crema dulce para batir, 2 tablespoons

Ralladura de limón, 1 cucharadita, finamente rallada

Harina, 3 cucharadas

Extracto (esencia) de vainilla, 1 cucharadita

RINDE UNA TARTA DE 24 CM (9 ½ IN)

tarta
de nuez

**Pasta para tarta
(página 76),**
1 disco, a temperatura
ambiente

Huevos, 3

Azúcar mascabado, ½ taza
compacta (105 g/3½ oz)

Miel de maíz oscura,
1 taza (315 ml/10 fl oz)

**Extracto (esencia)
de vainilla,**
1 cucharadita

Mantequilla sin sal,
4 cucharadas (60 g/2 oz),
derretida

**Nuez americana en
mitades,** 1½ taza
(185 g/6 oz)

Crema batida, para
acompañar (opcional)

RINDE UNA TARTA
DE 24 CM (9½-IN)

1 Hornee parcialmente la corteza de tarta
Coloque una rejilla en el centro del horno y precaliente
a 220ºC (425ºF). Coloque el disco de pasta sobre una
superficie de trabajo ligeramente enharinada y extienda
haciendo un círculo de 26 cm (10½ in). Cuidadosamente
pase la pasta a un molde para tarta de 24 cm (9-in) con base
desmontable. Doble la pasta sobrante sobre sí misma y
presiónela al borde del molde para hacer una orilla resistente.
Congele durante 5 minutos. Hornee 8 ó 10 minutos, hasta
que esté ligeramente dorada. Deje enfriar dentro del molde
colocándolo sobre una rejilla de alambre.

2 Prepare el relleno
En un tazón grande bata los huevos con el azúcar
mascabado, miel de maíz y vainilla hasta integrar por
completo. Integre, batiendo, la mantequilla derretida. Incorpore
las nueces. Vierta el relleno en la corteza parcialmente
horneada.

3 Hornee la tarta
Hornee 40 ó 45 minutos, hasta que el relleno se cuaje
pero aún esté ligeramente suave en el centro. Deje enfriar
levemente en el molde colocándolo sobre una rejilla de
alambre. Retire la orilla del molde. Corte la tarta en rebanadas,
cubra cada una con una cucharada de crema batida, si lo
desea, y sirva.

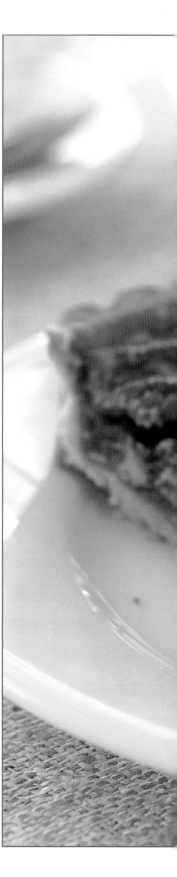

sugerencia del chef

Para hacer una Tarta de Chocolate y Nuez, agregue una taza (185 g/6 oz) de chispas de chocolate semi amargo a la mezcla del relleno al mismo tiempo que las nueces. Hornee como se indica en la receta.

galette
de zarzamoras

PASTA QUEBRADA

Harina, 4 tazas
(625 g/1¼ lb)

Sal, 1 cucharadita

Mantequilla sin sal,
1½ taza (375 g/12 oz),
cortada en cubos, más
3 cucharadas

Agua con hielo, ¾ taza
(180 ml/6 fl oz)

**Zarzamoras, moras azules
o una mezcla,** 4 tazas
(500 g/1 lb)

Jugo de limón, 2 cucharadas

Azúcar, ¼ taza (60 g/2 oz)

Harina, 3 cucharadas

RINDE UNA GALETTE
DE 23 CM (9 IN)

Rinde 3 discos de pasta
quebrada en total

Un procesador de alimentos hace esta pasta de quebrada en un abrir y cerrar de ojos. La receta proporciona suficiente pasta para tres pays o galettes como esta gallete rellena de moras y el quiche y los pays que mostramos a continuación.

1 Mezcle la pasta

En un procesador de alimentos mezcle la harina con la sal y pulse brevemente para mezclar. Esparza la mantequilla sobre la superficie y pulse sólo hasta que la mezcla forme migas gruesas aproximadamente del tamaño de chícharos. Rocíe el agua sobre la mezcla de harina y pulse sólo hasta que la masa empiece a unirse. Pase a una superficie de trabajo, divida en 3 porciones iguales y presione cada una para hacer un disco. Reserve un disco y envuelva los otros 2 discos en plástico adherente para usar en un futuro (vea Consejo de Almacenamiento a la derecha).

2 Extienda la pasta

Coloque una rejilla en el centro del horno y precaliente a 220°C (425°F). Forre la charola para hornear con papel encerado (para hornear). Coloque la pasta sobre una superficie ligeramente enharinada y extienda para hacer un círculo de 33 cm (13 in). Doble el círculo a la mitad, pase a la charola preparada y desdoble el círculo.

3 Rellene y hornee la tarta

En un tazón mezcle ligeramente las moras con el jugo de limón, azúcar y harina. Usando una cuchara pase el relleno a la pasta, dejando una orilla de 5 cm (2 in) sin cubrir alrededor del círculo. Doble la orilla hacia arriba sobre el relleno, formando dobleces suaves. Hornee cerca de 25 minutos, hasta que el relleno burbujee y la pasta se dore. Pase la galette a una rejilla de alambre y deje enfriar ligeramente. Corte en rebanadas y sirva.

consejo de almacenamiento

Los discos de pasta se pueden almacenar en el refrigerador hasta por 3 días o en el congelador hasta por un mes. Si congela los discos, envuelva en plástico adherente y después colóquelos en bolsas de plástico grueso con cierre hermético; descongele durante toda la noche en el refrigerador antes de usarlas.

sugerencia del chef

Puede sustituir el tocino del relleno del quiche por diferentes verduras, como pequeños floretes de brócoli o brócoli picado, poros rebanados y salteados o espinaca cocida y picada. Use aproximadamente 1½ taza (185 g/6 oz).

quiche
clásico

1 Hornee parcialmente la corteza de tarta

Coloque una rejilla en el centro del horno y precaliente a 220°C (425°F). Coloque el disco de pasta sobre una superficie de trabajo ligeramente enharinada y extienda haciendo un círculo de 30 cm (12 in). Doble la pasta a la mitad y pase a un molde para pay de 23 cm (9 in). Desdoble el círculo y acomódelo en el molde, presionándolo firmemente contra la base y lados del molde. Corte las orillas para dejar un sobrante de 2.5 cm (1 in). Doble el sobrante por debajo de sí mismo y pellizque para crear una orilla alta sobre el borde del molde. Usando un tenedor pique la base de la pasta algunas veces. Congele 5 minutos. Hornee cerca de 10 minutos, hasta que esté ligeramente dorada. Deje enfriar sobre una rejilla de alambre. Reduzca la temperatura del horno a 190°C (375°F).

2 Prepare el relleno

En una olla sobre fuego medio fría el tocino aproximadamente 5 minutos, hasta que esté crujiente. Pase a toallas de papel para escurrir. Espolvoree la mitad del queso uniformemente sobre la corteza de pasta parcialmente horneada. En un tazón grande bata los huevos hasta integrar por completo. Incorpore la media crema, nuez moscada y sal, batiendo. Agregue el tocino y el queso restante. Vierta en la corteza de pasta parcialmente horneada.

3 Hornee el quiche

Hornee 30 ó 35 minutos, hasta que el relleno se cuaje y esponje ligeramente y la corteza esté dorada. Deje enfriar ligeramente sobre una rejilla de alambre. Corte en rebanadas y sirva caliente.

Pasta Quebrada, 1 disco, a temperatura ambiente

Tocino, 8 tiras, picadas

Queso gruyere o suizo, 1 ½ taza (185 g/6 oz), rallado

Huevos, 4

Media crema, 1 ¾ taza (430 ml/14 fl oz)

Nuez moscada molida, ¼ cucharadita

Sal, ½ cucharadita

RINDE UN QUICHE
DE 23 CM (9 IN)

pay
de calabaza

Pasta Quebrada, 1 disco, a
temperatura ambiente

Huevos, 3

Azúcar mascabado, ¾ taza
compacta (185 g/6 oz)

Canela molida,
½ cucharadita

Jengibre molido,
½ cucharadita

**Pimienta de jamaica
molida,** ¼ cucharadita

Sal, ½ cucharadita

Puré de calabaza, 1 lata
(470 g/15 oz)

Media crema, 1 ½ taza
(375 ml/12 fl oz)

Crema batida, para
acompañar (opcional)

RINDE UN PAY DE
23 CM (9 IN)

1 Hornee parcialmente la corteza de tarta
Coloque una rejilla en el centro del horno y precaliente
a 220ºC (425ºF). Coloque el disco de pasta sobre una
superficie de trabajo ligeramente enharinada y extienda
haciendo un círculo de 30 cm (12 in). Doble la pasta a la
mitad y pase a un molde para pay de 23 cm (9 in). Desdoble
el círculo y acomódelo en el molde, presionándolo firmemente
contra la base y lados del molde. Corte las orillas para dejar un
sobrante de 2.5 cm (1 in). Doble el sobrante por debajo de sí
mismo y pellizque para crear una orilla alta sobre el borde del
molde. Usando un tenedor pique la base de la pasta algunas
veces. Congele 5 minutos. Hornee cerca de 10 minutos,
hasta que esté ligeramente dorada. Deje enfriar totalmente
sobre una rejilla de alambre. Reduzca la temperatura del
horno a 190ºC (375ºF).

2 Prepare el relleno
En un tazón grande bata los huevos hasta incorporar
por completo. Agregue el azúcar, canela, jengibre, pimienta de
jamaica y sal; mezcle. Incorpore el puré de calabaza y la media
crema, mezclando hasta incorporar por completo. Vierta en la
corteza de pasta parcialmente horneada.

3 Hornee el pay
Hornee 35 ó 40 minutos, hasta que el relleno se cuaje y
la corteza se dore. Deje enfriar ligeramente sobre una rejilla de
alambre. Corte en rebanadas, cubra cada porción con una
cucharada de crema batida, si lo desea, y sirva.

sugerencia del chef

Puede cubrir el molde de pay con la corteza y hornearla parcialmente por adelantado. Tape y almacene a temperatura ambiente hasta por un día o congele dentro de una bolsa de plástico grueso con cierre hermético hasta por 3 semanas y descongele antes de rellenar.

sugerencia del chef

Puede omitir la cubierta de streusel y usar un segundo disco de pasta para hacer un pay de corteza doble. Extienda el segundo disco como lo hizo con el primero. Extienda el segundo disco de pasta sobre el relleno y recorte la orilla para emparejarla con la inferior. Enrolle ambos sobrantes por debajo de sí mismos y ondule la orilla. Haga 3 ó 4 ventilaciones en el centro de la cubierta para que salga el vapor y hornee como se indica en la receta.

pay
de ruibarbo

1 Extienda la pasta

Coloque una rejilla en el centro del horno y precaliente a 200°C (400°F). Coloque el disco de pasta sobre una superficie de trabajo ligeramente enharinada y extienda haciendo un círculo de 30 cm (12 in). Doble la pasta a la mitad y pase a un molde para pay de 23 cm (9 in). Desdoble el círculo y acomódelo en el molde, presionándolo firmemente contra la base y lados del molde. Corte las orillas para dejar un sobrante de 2.5 cm (1 in). Doble el sobrante por debajo de sí mismo y pellizque para crear una orilla decorada.

2 Prepare el relleno y el streusel

En un tazón pequeño disuelva la fécula de maíz en una cucharada de agua. En un tazón grande mezcle ligeramente el ruibarbo con el azúcar granulada. Integre la mezcla de fécula de maíz. Usando una cuchara pase el relleno al molde cubierto con pasta. Para hacer el streusel mezcle, en otro tazón, la harina con el azúcar mascabado. Usando un mezclador de varillas o 2 cuchillos integre la mantequilla hasta obtener una mezcla con grumos. Espolvoree el streusel sobre el relleno.

3 Hornee el pay

Hornee 40 ó 45 minutos, hasta que el jugo burbujee y la corteza se dore. Deje enfriar ligeramente sobre una rejilla de alambre. Corte en rebanadas, cubra cada porción con una bola de helado o una cucharada de crema batida, si lo desea, y sirva.

Pasta Quebrada, 1 disco, a temperatura ambiente

Fécula de maíz (maicena), 3 cucharadas

Ruibarbo, 500 g (1 lb) aproximadamente 5 tazas (375 g/12 oz), limpio y picado

Azúcar granulada, 1 ½ taza (375 g/12 oz)

Harina, ⅔ taza (120 g/4 oz)

Azúcar mascabado, ⅔ taza compacta (155 g/5 oz)

Mantequilla sin sal, ½ taza (120 g/4 oz), fría, cortada en trozos

Helado de vainilla o crema batida, para acompañar (opcional)

RINDE UN PAY
DE 23 CM (9 IN)

el cocinero inteligente

A mucha gente le gusta hornear, pero muchos piensan que no tienen el tiempo suficiente para hacerlo. Ese problema se soluciona rápidamente con una colección de sencillas recetas para hornear, además de cierta planeación por adelantado. En las siguientes páginas encontrará utensilios y técnicas para ahorrarse tiempo a diario. Aprenderá la forma de preparar los ingredientes como un pastelero profesional, la forma de comprar todo desde la harina hasta los huevos y la forma de almacenar todos sus alimentos horneados de manera que se conserven frescos y deliciosos.

También encontrará consejos para mantener su despensa bien surtida de manera que pueda hornear siempre que tenga tiempo. Le enseñaremos la forma de mezclar una gran cantidad de masa para que pueda usar una parte ese día y congelar el sobrante para usarlo más adelante. Además, encontrará docenas de consejos de cómo administrar su tiempo y organizar su cocina que son las claves para convertirse en un cocinero inteligente.

manos a la obra

Una de las mejores cosas acerca del hornear es que una vez que su despensa y refrigerador tengan los ingredientes básicos para hacerlo (páginas 104 a 107), usted podrá preparar casi cualquier receta haciendo una compra rápida para conseguir uno o dos productos frescos o especiales. También tendrá que pensar un poco en la forma en que su tiempo de horneado se adapta a su ocupada agenda y en lo que usted deberá hornear, tomando en cuenta tanto la temporada como la ocasión.

planee su tiempo de horneado

■ **Vea toda la semana.** Durante el fin de semana tome el tiempo para pensar en la semana que se avecina. ¿Hay algún evento especial durante la semana? ¿Un cumpleaños que necesita un pastel o una venta de pasteles en el colegio que necesita algunas docenas de galletas? ¿Esta semana estará muy agitada y unas mantecadas recalentadas con rapidez quizás vendrían bien para un desayuno rápido? También piense en los platillos que usted servirá durante la semana. Una deliciosa y elaborada comida puede terminar a la perfección con una pieza de fruta, mientras que una comida casual compuesta por una sopa y una ensalada puede dejarle tiempo disponible para hornear algunas galletas.

■ **Planee su tiempo.** Una vez que haya elegido lo que usted desea hornear, decida el momento en que podrá hacerlo. Piense lo que usted puede hacer el día anterior o lo que se puede congelar por anticipado.

■ **Involucre a todos.** Pida a los niños y demás miembros de la familia que le ayuden a decidir lo que van a hornear y después involucre a todos haciendo la receta. Haga que el trabajo de cocina, desde el engrasar los moldes hasta el hacer la masa y lavar los tazones, sea un placer especial.

■ **Hornee durante el fin de semana.** Los alimentos horneados recién salidos del horno siempre son los mejores pero en las mañanas ocupadas de la semana pocas veces se tiene el tiempo suficiente para hacer unas mantecadas o unos scones. Si le es posible, prepare algunos alimentos horneados en el fin de semana y congele los sobrantes para disfrutarlos durante la semana. Haga una ración doble de un pastel de plátano o unas dobladitas de cereza y congele en porciones individuales para usarlas más adelante. Haga la parte pesada de una receta, como es el hacer y extender la masa para pay, cuando tenga el tiempo disponible y refrigere o congele para hornear con rapidez en algún día de la semana (vea la página 107 los consejos de congelación).

Si se usan ingredientes frescos de temporada seguramente obtendrá un gran sabor de forma sencilla y podrá combinar lo que usted hornea con el humor y el clima del momento. Aunque los ingredientes de temporada varían dependiendo de su localidad, aquí presentamos una guía general para hornear durante todo el año.

primavera Celebre el regreso del clima cálido y la llegada de la temporada de cultivo exhibiendo las primeras frutas de la primavera como el ruibarbo y las fresas en tartas y pays.

verano Los largos y cálidos días del verano proporcionan dulces moras y jugosas frutas con hueso. Los pastelitos, pays, crujientes y cobblers son especialmente adecuados para la abundancia de la estación. Rellénelos con chabacanos, cerezas, duraznos, nectarinas, ciruelas, zarzamoras, moras azules o frambuesas o una mezcla de moras.

otoño A medida que los días se hacen más cortos y las noches se tornan frías, llene el tarro de galletas. Caliéntese con alimentos sazonados con especias y con sabor a canela, jengibre y nuez moscada y rellenos de manzanas, arándanos, nueces, peras o calabaza.

invierno Holiday festivities mean dinner parties, cookie exchanges, and long, lazy brunches. Indulge in chocolate cakes and cookies. Dried fruits fill in while most fruit trees are bare, and tropical fruits and citrus add brightness to long winter days. Fill the house with baked treats flavored with chocolate, dried fruits, tropical fruits such as mangoes and pineapples, and citrus fruits such as lemons, limes, tangerines, and oranges.

engalane su postre

Desde una bola de helado hasta una salsa de fruta fresca, completar el plato con una sencilla adición puede convertir un simple alimento horneado en un postre especial.

Los helados de buena calidad así como las salsas son formas rápidas y deliciosas para engalanar pasteles y tartas, mientras que la crema recién batida siempre es una adición popular. Las frutas frescas se pueden preparar con algunas horas de anticipación y mantener en refrigeración, mientras que las frutas secas se pueden cocer con varios días de anticipación.

- **Helado** Una bola pequeña de helado de vainilla combina bien casi con cualquier postre, ya sea una rebanada de pay de nuez caliente o un cuadro de panqué o pastel de jengibre. Elija los sabores básicos, vainilla, café, chocolate y caramelo para tener más versatilidad.

- **Crema batida** La auténtica crema batida se hace en sólo unos cuantos minutos y su delicia aterciopelada no se compara con los productos comerciales. En un tazón frío mezcle 1 taza (250 ml/8 fl oz) de crema dulce muy fría, 2 cucharadas de azúcar y 1/2 cucharadita de extracto (esencia) de vainilla. Usando una batidora eléctrica a velocidad media-alta bata aproximadamente 3 minutos, hasta que se formen picos medianos. Tape y refrigere hasta el momento de servir o hasta por dos horas.

- **Fruta fresca** Sirva un plato de galletas con rebanadas de duraznos o nectarinas, mangos en cubos o una mezcla de moras. Agregue un poco de jugo de limón o de su licor favorito como el amaretto o Grand Marnier. También puede cubrir las rebanadas de pastel con fresas o frambuesas frescas o con algunas rebanadas de fruta.

- **Salsas y mieles** Un poco de chocolate de buena calidad o la salsa de caramelo hará que cualquier pastel se vea profesional. Busque alguna marca comercial hecha con ingredientes naturales. Caliente la salsa sobre la estufa o en el microondas. Rocíela sobre una rebanada de pastel y acompañe con una bola pequeña de helado o una cucharada de crema batida.

- **Sándwiches de galleta** Combine sus galletas con un helado de sabor complementario, como las galletas de chocolate con chispas de menta o las galletas de jengibre y piloncillo con helado de vainilla. Deje que el helado se suavice. Extienda una capa de 12 mm (1/2 in) de grueso sobre la parte inferior de la mitad de las galletas y cubra con las demás galletas, colocando la parte inferior hacia abajo. Coloque en una bolsa de plástico con cierre hermético y congele por lo menos durante una hora.

utensilios y técnicas

Usted no necesita un equipo demasiado sofisticado para hornear bien, pero de seguro querrá tener algún equipo básico que se usa especialmente para hornear como las charolas y los moldes. Y, aunque usted siempre puede improvisar, ahorrará tiempo y energía si cuenta con el equipo adecuado. Compre equipo de buena calidad para obtener los mejores resultados y organice su cocina de manera que los utensilios que use con frecuencia le queden a la mano.

utensilios usados para hornear

- **Tazones** Un juego de tazones se usa para reservar ingredientes y hacer masas y pastas. Elíjalos de vidrio templado, acero inoxidable o cerámica.

- **Batidora** Una batidora manual con batidores desmontables funciona bien para acremar mantequilla, batir claras de huevo y crema y mezclar masas. Una batidora de mesa por lo general con tres utensilios, pala, batidor y gancho, puede adecuarse mejor para batir grandes cantidades de masa y le permite tener las manos libres para poder agregar los ingredientes.

- **Procesador de alimentos** Un buen procesador de alimentos hace más rápido el trabajo de picar nueces y rallar queso, además de que es una gran elección para hacer masa para galletas.

- **Rallador de raspas** Un rallador estilo lima con una manija es el utensilio más eficiente para hacer ralladuras cítricas. También es ideal para rallar finamente quesos duros.

- **Rodillo** Por lo general hecho de madera, estos cilindros pesados se usan para extender masa y pasta para galletas. Los rodillos estilo americano con manijas son los más fáciles de usar.

- **Cucharas, espátulas de hule y batidores** Las cucharas de madera son ideales para mezclar masas, las espátulas de hule se usan para raspar y limpiar tazones y para mezclar ingredientes delicados usando movimiento envolvente. Una espátula de hule resistente al calor también es una buena adición a su equipo de utensilios para hornear. Los batidores, especialmente los batidores globo, son prácticos para crear mezclas tersas y para batir crema y claras de huevo.

- **Rejilla de enfriamiento** Una rejilla de alambre con patas sostiene alimentos horneados sobre la superficie de trabajo para provocar un enfriamiento rápido sin condensación.

MIDIENDO

tazas y cucharas de medir Use tazas de vidrio o plástico transparente con medidas sobre su costado para medir los ingredientes líquidos y use un juego de tazas de plástico o metal en tamaños graduados para medir los ingredientes secos. El mismo juego de cucharas para medir se usa para medir cantidades pequeñas de ingredientes líquidos y secos.

líquidos Coloque una taza de medir líquidos sobre una superficie plana y vierta el líquido hasta llegar a la línea adecuada. Siempre revise las medidas a nivel de su ojo. Para medir en cucharadas, llene hasta el borde.

secos Sumerja la taza de medir o cuchara del tamaño deseado en el ingrediente, llenándolas hasta que se desborde y después retire el exceso con la orilla recta de un cuchillo de mesa. Nunca agite o comprima la taza o cuchara de medir.

Para medir azúcar mascabado, el cual es la única excepción a esta regla, llene la taza de medir del tamaño correcto con el azúcar y comprímala firmemente con el revés de una cuchara. Continúe agregando azúcar y comprimiéndola hasta que el nivel del azúcar llegue al borde. Al voltear la taza, el azúcar deberá tener la forma de la taza.

moldes para hornear Vienen en muchas formas y tamaños y por lo general están hechos de vidrio templado o aluminio grueso. Para hacer las recetas de este libro, necesitará un molde cuadrado, un molde para panqué, un molde de rosca o tipo Bundt (el cual tiene un orificio hueco y cilíndrico en el centro), un molde para mantecadas y un molde desmontable de dos piezas, el cual tiene bordes sujetados por un pestillo que se abre después de hornear para desmoldar los pasteles fácilmente.

charolas para hornear Algunas veces llamadas charolas para galletas, estas charolas grandes y rectangulares de metal tienen un borde bajo o una o dos orillas con bordes muy bajos y brillantes para resbalar las galletas hacia las rejillas de alambre. Es recomendable tener dos charolas para que usted pueda llenar una hoja mientras la otra está en el horno. Por lo general son mejores las hojas de hornear más gruesas ya que hornean y doran las galletas y demás alimentos de forma más uniforme que las hojas más delgadas.

moldes y refractarios para pay Estos moldes y refractarios redondos están hechos de metal, vidrio templado o cerámica y tienen bordes ligeramente inclinados que los hace perfectos para hacer pays y quiches. Los refractarios para pay de vidrio transparente tienen la ventaja de permitirle ver si la corteza se está dorando.

ramekins o refractarios individuales Estos platos individuales de porcelana resistentes al calor, los cuales parecen pequeños platos para soufflé, son útiles para hacer pasteles y postres individuales.

moldes para tarta Disponibles en muchos tamaños y formas, los moldes de metal poco profundos para tarta por lo general tienen orillas onduladas y vienen con una base desmontable para desmoldar fácilmente.

técnicas sencillas

Las recetas de este libro pueden ser dominadas incluso por los cocineros novatos. Si usted no ha horneado demasiado, familiarícese con algunos de los términos y técnicas básicas que tendrá que saber antes de empezar.

Batir Mezclar ingredientes vigorosamente hasta que estén tersos e incorporados se conoce como batir. También es un término empleado para introducir aire en crema dulce o claras de huevo. Las claras de huevo y la crema se pueden batir con un batidor globo, una batidora eléctrica manual o el batidor de una batidora de mesa.

Integrando mantequilla Las recetas para bisquets, scones y masa para galletas a menudo piden que se integre la mantequilla con la mezcla de harina. Para integrar la mantequilla, píquela en cubos. Si hace la masa a mano, integre la mantequilla con la harina usando un mezclador de varillas o dos cuchillos de mesa. La mezcla deberá quedar gruesa con trozos de mantequilla del tamaño de un chícharo. Si usa un procesador de alimentos, mezcle la mantequilla fría con la harina en pulsaciones cortas hasta que se obtenga la misma consistencia.

Acremar Batir mantequilla suavizada con azúcar u otros ingredientes se llama acremar. Integra aire en la mantequilla, lo cual ayuda a la mezcla a esponjarse cuando se hornea. También integra el azúcar con la mantequilla formando una mezcla tersa. Bata la mantequilla con una cuchara de madera, una batidora manual o la pala de una batidora de mesa durante varios minutos, hasta que esté cremosa. Agregue gradualmente el azúcar y bata durante algunos minutos hasta esponjar.

Mezclar con movimiento envolvente Algunos ingredientes delicados como las claras de huevo batidas, siempre deben mezclarse con movimiento envolvente en vez de batirse con las mezclas más pesadas. Esto conserva las burbujas de aire intactas lo cual ayuda al pastel y a otros platillos a esponjarse en el horno. Usando una espátula de hule coloque los ingredientes más ligeros sobre los más pesados. Posteriormente, usando movimiento circular, pase suavemente la espátula hacia abajo en el centro del tazón y súbala por un lado. Continúe la operación, rotando el tazón a medida que va mezclando, hasta que la mezcla esté prácticamente uniforme.

Incorporando Cuando se hacen casi todos los pasteles y mantecadas se debe incorporar la harina tan suavemente como le sea posible para asegurar una miga suave. Use una cuchara de madera o una batidora manual o de mesa (con el aditamento de pala) a la velocidad más baja sólo hasta que no se vea ningún rastro de harina.

almacenamiento de la despensa

La mayoría de los productos horneados se pueden almacenar a temperatura ambiente en recipientes herméticos o en plástico adherente por un par de días. Sin embargo, algunos alimentos necesitan refrigeración o se pueden congelar durante más tiempo.

Congelando panes rápidos y galletas

Para almacenar galletas, pasteles, mantecadas y otros panes rápidos durante más de un par de días, congélelos. Deje que se enfríen totalmente después de haberlos horneado, envuélvalos herméticamente en papel aluminio, plástico adherente o papel para congelación. Almacene los artículos pequeños como galletas y mantecadas en bolsas de plástico con cierre hermético para congelar, sacando de la bolsa todo el aire que le sea posible antes de cerrarla. Descongele a temperatura ambiente o dentro del refrigerador. Para servirlos, caliéntelos en el horno a 120ºC (250ºF) hasta que estén bien calientes.

Almacenando pasta para tartas y galletas

Almacene la masa para tartas y pays sin hornear envuelta herméticamente en una bolsa de plástico con cierre hermético en el refrigerador durante 2 ó 3 días. Para congelar pasta, cortezas para pay o tartas y pays rellenos de fruta, sin hornear, envuelva en papel aluminio, plástico adherente o papel para congelar y congele hasta por 4 meses. Recuerde marcar el empaque con la fecha antes de meterlo al congelador. Las cortezas congeladas para pays y tartas pueden ir directo del congelador al horno sin haberse descongelado. Los pays de fruta congelados también se pueden hornear sin descongelar. Hornee el pay en un horno precalentado a 220ºC (425ºF) durante los primeros 30 minutos, posteriormente reduzca la temperatura a 180ºC (350ºF) para el resto del horneado. El pay probablemente tomará 15 minutos más para hornearse que un pay de frutas similar que no se haya congelado.

Refrigerando pays, tartas y pasteles

Por lo general los pays y las tartas con rellenos a base de natillas, como el pay de calabaza, no se congelan bien. Cuando los haga, almacénelos en el refrigerador a menos de que los vaya a comer pocas horas después de haberlos horneado. Retírelos del refrigerador aproximadamente 30 minutos antes de servirlos para que cuando lo haga, estén a temperatura ambiente. Refrigere los pasteles con betún de crema batida inmediatamente y aquellos que tengan betún hecho con mantequilla 2 horas después. Sirva el primero bien frío y el último a temperatura ambiente.

pasteles y panes rápidos están listos cuando un palillo de madera insertado en el centro salga limpio. El centro debe rebotar al presionarlo ligeramente con la yema de su dedo y las orillas del pastel o pan deben separarse de la orilla del molde.

pasta para pays y tartas debe quedar dorada. Los rellenos de fruta deben burbujear y estar jugosos mientras que los rellenos de natilla deben cuajarse.

galletas por lo general deben estar firmes y ligeramente doradas alrededor de las orillas. Siempre revise la receta en busca de consejos específicos para revisar la cocción.

Siempre enfríe los alimentos horneados sobre una rejilla de alambre con patas, esto permite que circule el aire por todos lados. Los alimentos se enfriarán con más rapidez y es menos probable que se aguaden.

Para la mayoría de los pasteles y panes rápidos deje enfriar en el molde durante 5 ó 10 minutos. Posteriormente, si fuera necesario, separe las orillas con un cuchillo de cocina. Coloque la rejilla de alambre invertida sobre el pastel o pan. Usando agarraderas térmicas, invierta el molde y la rejilla y sacuda suavemente para desmoldar el pastel o pan sobre la rejilla. Deje enfriar los pays y tartas en sus moldes, colocándolos sobre una rejilla.

Para enfriar la mayoría de las galletas, páselas de la charola para hornear a la rejilla con ayuda de una espátula o resbálelas por el lado sin borde de la charola para galletas hacia la rejilla.

la compra inteligente

Si usa los productos más frescos y demás ingredientes de la mejor calidad tendrá cierta ventaja para obtener un gran sabor y una alimentación más saludable. Usted podrá conseguir casi todos los ingredientes que necesita para las recetas de este libro en un supermercado bien surtido.
Para algunos ingredientes, como un chocolate de excelente calidad o jengibre cristalizado, vaya a las tiendas especializadas en alimentos las cuales pueden ofrecer más y mejor variedad.

HAGA UNA LISTA DE COMPRAS

No hay nada más frustrante que decidir hornear por que tiene el tiempo suficiente y descubrir que no tiene un ingrediente básico como es el polvo para hornear. O quizás, se ha encontrado parado en el supermercado sin poder recordar si todavía tiene azúcar mascabado o se le terminó la última vez que hizo algunas galletas.

Para ahorrarse esos dolores de cabeza causados por sus compras, haga una plantilla de lista en su computadora tanto para su despensa como para su refrigerador (vea las listas de alimentos básicos, páginas 106 y 107) y vaya llenándola durante la semana antes de ir de compras. Use las siguientes categorías para mantener sus listas organizadas:

despensa Revise la despensa y haga una lista de los artículos que debe comprar para hacer las recetas que planea hornear durante la semana.

perecederos Estos son ingredientes que usará durante la semana. Es útil dividir la lista en las secciones del supermercado como frutas y verduras y lácteos.

misceláneos Este apartado cubre productos especiales para una receta específica, como es el coco rallado o el jengibre cristalizado o artículos que se usan sólo ocasionalmente, como los licores.

Harina Las recetas de este libro fueron probadas usando harina de trigo (simple), la harina más comúnmente vendida en los supermercados. Puede encontrar harina blanqueada (tratada químicamente) y sin blanquear. La harina sin blanquear, la cual contiene más proteínas y tiene un sabor más agradable, es la más recomendada.

Azúcares El azúcar granulada es el azúcar que se usa más comúnmente para hornear. El azúcar mascabado, el cual ha sido teñido con melaza, viene en dos presentaciones: claro y oscuro, el cual tiene un sabor más fuerte. Elija empaques bien cerrados y presione suavemente para asegurarse de que el azúcar esté suelto y húmedo.

Lácteos Revise la fecha de caducidad de los productos lácteos antes de comprarlos. Para obtener el mejor sabor use leche entera para hornear.

Huevos Los huevos vienen en diferentes tamaños y grados, de acuerdo a su edad y a la condición del cascarón. La mayoría de las recetas para hornear usan huevos grandes grado A. Busque la fecha de caducidad en el cartón y siempre abra la tapa para revisar que no haya huevos rotos o dañados.

Nueces Compre nueces en pequeñas cantidades para asegurarse de que estén frescas.

Frutas y verduras Siempre pregunte cuáles son las frutas que están en su mejor temporada y tienen el mejor sabor y madurez. Si hay un mercado de granjeros en su localidad, hágase el hábito de visitarlo una vez a la semana. Es una forma excelente de mantenerse en contacto con los productos de temporada y a menudo encontrará buenas ofertas en productos de buena cosecha en la localidad. Elija frutas y verduras que no tengan manchas y magulladuras y se sientan pesadas para su tamaño. Las frutas importadas fuera de temporada a menudo son cultivadas mucho antes de llegar a su punto de maduración para soportar largos periodos de transportación; por lo general, serán más caras y no tendrán tanto sabor. Evite la mayoría de las frutas importadas ya que por lo general tienen menos sabor que la fruta de temporada.

la cocina bien surtida

El cocinero inteligente requiere estar preparado. Si su despensa, refrigerador y congelador están bien surtidos y organizados, significa que no tendrá que salir corriendo a la tienda en el último momento cuando esté listo para hornear. Hágase el hábito de tener un registro de lo que tiene en su cocina y descubrirá que puede hacer la compra menos a menudo y que tardará menos tiempo en la tienda cuando lo haga.

En las siguientes páginas encontrará una guía de todos los ingredientes esenciales que necesita tener a la mano para hornear, tanto para uso general como para hacer las recetas que se encuentran en este libro. También encontrará consejos para mantener estos ingredientes frescos y la forma de almacenarlos de manera adecuada. Use esta guía para abastecer su cocina ahora y podrá hacer cualquier receta de este libro comprando sólo algunos ingredientes frescos en un rápido viaje a la tienda.

la despensa

La despensa por lo general es un closet o una o más alacenas en donde se almacena harina, azúcar, especias secas, extractos (esencias) y otros saborizantes, frutas secas, nueces, latería y artículos embotellados o almacenados en frascos. Asegúrese de que esté relativamente fría, seca y oscura cuando no esté abierta. También deberá estar lejos de la estufa ya que el calor puede resecar los ingredientes básicos de la despensa, especialmente las especias, quitándoles su sabor y su aroma.

almacenamiento de la despensa

■ **Especias y saborizantes** El sabor de las especias secas empieza a perderse después de 6 meses. Compre especias en pequeñas cantidades para que las termine y sustituya a menudo. Los mercados étnicos y tiendas de alimentos naturales generalmente venden especias a granel. Con frecuencia son más frescas y mucho más económicas que las especias empacadas que se venden en los anaqueles del supermercado. Compre los extractos (esencias) y saborizantes de la mejor calidad que pueda y no compre saborizantes artificiales ni de imitación. Almacénelos en recipientes herméticos en un lugar seco y fresco alejado de la estufa.

■ **Nueces y frutas secas** Almacene la mayoría de las nueces y todas las frutas secas en recipientes herméticos hasta por un mes. Para mantenerlas frescas durante más tiempo, refrigérelas hasta por 6 meses o congélelas hasta por 9 meses.

■ **Chocolate y cocoa** Compre el chocolate y cocoa en polvo de la mejor calidad que pueda. El chocolate sin edulcorante, el cual también es conocido como chocolate para hornear, no contiene azúcar y es duro y muy amargo. El chocolate semi amargo (simple) tiene un poco de azúcar y manteca de cacao, haciéndolo más suave y más dulce. No se puede intercambiar por chocolate sin edulcorante. Para almacenar el chocolate, envuélvalo en papel aluminio; se mantendrá fresco hasta por un año. Los cambios de temperatura pueden hacer que el chocolate desarrolle una capa blanca algunas veces conocida como "floración". Aunque el chocolate se verá menos apetitoso, sigue teniendo la misma calidad y el color desaparece en cuanto se derrite. Para hornear siempre use cocoa en polvo sin edulcorantes y no mezcla de cocoa caliente; ésta se mantendrá fresca, cerrada herméticamente, hasta por un año.

SURTA SU DESPENSA

haga un inventario Retire todo de la despensa y acomode los artículos por categoría.Haga un inventario de los artículos que ha consumido usando la lista de Alimentos Básicos en la Despensa.

limpie Limpie las tablas y vuelva a forrar con papel para anaqueles, si fuera necesario.

revise la frescura Vea las fechas de caducidad de todos los productos y deseche aquellos que la tengan vencida. También deseche aquellos artículos que tengan una apariencia, olor o sabor rancio o dudoso.

haga una lista y compre Haga una lista de todos los artículos que debe reabastecer o comprar y posteriormente haga un viaje a la tienda para comprar todo lo que haya anotado en la lista

vuelva a abastecer Guarde todos sus artículos de despensa organizándolos por categoría o ingrediente para que pueda encontrar todo fácilmente. Coloque los artículos más nuevos detrás de los más antiguos de manera que use los más antiguos primero. Además, mantenga los productos básicos que usa a menudo al frente de la despensa.

marque la fecha Escriba la fecha de compra sobre el empaque de cada artículo nuevo que compre antes de guardarlo, de manera que sepa exactamente el día en que lo compró y cuándo tiene que sustituirlo.

revise las recetas Vea las recetas que planea hacer durante la semana para saber que ingredientes necesitará.

revise sus productos básicos Estudie su despensa para asegurarse de que tiene a la mano todos los ingredientes que va a necesitar.

haga una lista Escriba una lista de todos los artículos que le faltan para que pueda sustituirlos la siguiente vez que vaya de compras.

rote los artículos Marque la fecha en los artículos que adquiera en sus siguientes compras y después colóquelos en la despensa. Cuando los guarde, revise sus existencias y rote los productos conforme sea necesario, moviendo los más antiguos hacia el frente de la despensa para usarlos primero.

HORNOS

Las recetas de este libro fueron probadas usando un horno convencional. Cualquier horno puede tener zonas más calientes. También los moldes grandes y las charolas para hornear pueden bloquear el calor y crear diferentes temperaturas entre las rejillas.

Para asegurarse de que lo que está horneando se cocine uniformemente, revise ocasionalmente y rote los moldes conforme sea necesario. Si hornea dos charolas de galletas al mismo tiempo, cámbielas de rejilla y rótelas 180° a la mitad del tiempo de horneado.

Una temperatura exacta del horno es muy importante para hornear exitosamente. Use un termómetro de horno para revisar si su horno está calentando correctamente.

Harinas y granos Las harinas de grano entero, como la harina integral y la harina de maíz molida en molino de piedra, pueden desarrollar un olor y sabor a viejo o a rancio si se almacenan a temperatura ambiente por más de algunas semanas. Para mantenerlas frescas durante más tiempo, almacénelas en recipientes herméticos dentro el congelador. Incluso la harina de trigo (simple) se puede volver rancia con el tiempo, por lo que no debe comprar más de lo que vaya a usar en 6 meses y debe almacenarla en recipientes herméticos. Si algún producto en grano o harina huele a viejo o rancio o desarrolla pequeños "hilos" pegajosos en la superficie, deséchelo.

Agentes fermentadores El polvo para hornear, bicarbonato de sodio y cremor tártaro son fermentadores químicos que interactúan con el líquido y los ingredientes ácidos que hay en una masa produciendo burbujas de dióxido de carbono. Cuando se hornea un pastel u otro postre, las burbujas se expanden y hacen que el pastel se esponje. Marque la fecha de compra sobre el recipiente y almacene el polvo para hornear y el bicarbonato de sodio durante menos de 6 meses y el cremor tártaro por menos de un año. (Si almacena una caja de bicarbonato de sodio en el refrigerador para combatir el mal olor, mantenga otra caja para hornear en la despensa.) Para revisar si un fermentador aún sirve, saque una cucharada y agréguele un poco de agua. Deberá burbujear vigorosamente.

Edulcorantes Almacene todo tipo de azúcar en recipientes herméticos. El azúcar mascabado, el cual ha sido mezclado con melaza para darle sabor y proporcionarle una consistencia suave y comprimible, se endurece si se expone al aire. Si esto sucede, caliéntelo ligeramente en un horno a temperatura baja o en un microondas hasta que se suavice. El azúcar glass se hace con azúcar granulada que ha sido molida hasta estar muy fina y se ha mezclado con un poco de fécula de maíz para evitar que se endurezca. Si se forman grumos, pase por un colador. Si la miel se cristaliza, coloque el frasco en una olla con agua caliente sobre fuego bajo o caliéntela en el microondas hasta que se haga líquida.

Licores Compre licores de buena calidad en botellas pequeñas. Nunca necesitará más de una o dos cucharadas y las versiones baratas pueden tener sabores fuertes o contener ingredientes artificiales que impartan un sabor desagradable. Un poco de Grand Marnier con sabor a naranja o el amaretto con sabor a almendras puede convertir una sencilla ensalada de frutas en un postre elegante, especialmente cuando se combina con un pastelito o panqué hecho en casa. Almacene los licores bien cerrados. Duran indefinidamente pero tienen un mejor sabor si se usan en los primeros 6 meses.

ALIMENTOS BÁSICOS DE LA DESPENSA

ESPECIAS Y SABORIZANTES

canela molida

extracto (esencia) de almendra

extracto (esencia) de vainilla

jengibre molido

nuez moscada

pimienta blanca

pimienta de jamaica molida

sal

semillas de ajonjolí

semillas de amapola

NUECES Y FRUTAS SECAS

almendras

arándanos

chabacanos

dátiles

grosella

nueces

nuez de castilla

pasitas

HARINAS Y GRANOS

Avena en hojuelas

fécula de maíz (maicena)

harina de maíz o polenta

harina preparada para pastel

harina de trigo sin blanquear

AGENTES FERMENTADORES

bicarbonato de sodio

cremor tártaro

polvo para hornear

EDULCORANTES

azúcar cruda o gruesa

azúcar glass

azúcar granulada

azúcar mascabado claro

azúcar mascabado oscuro

miel de maíz

miel de abeja

melaza clara

CHOCOLATE Y COCOA

cocoa en polvo sin edulcorantes

chispas de chocolate

chocolate semi amargo (simple)

chocolate sin edulcorantes

LICORES

brandy

cognac

ron

Triple Sec o licor de naranja

ALIMENTOS ENLATADOS O EN FRASCO

cerezas dulces o ácidas

chiles verdes asados

puré de calabaza

ARTÍCULOS OCASIONALES

aceite de canola

aceite de oliva

cáscara de naranja caramelizada

coco rallado endulzado

jalea de zarzamora

jengibre cristalizado

migas de pan seco

PESOS Y EQUIVALENCIAS

HARINA DE TRIGO (SIMPLE) SIN CERNIR

¼ taza	=	45 g/1½ oz
⅓ taza	=	60 g/2 oz
½ taza	=	2½ oz/75 g
1 taza	=	5 oz/155 g

HARINA DE TRIGO (SIMPLE) CERNIDA

¼ taza	=	30 g/1 oz
⅓ taza	=	1½ oz/45 g
½ taza	=	2 oz/60 g
1 taza	=	4 oz/125 g

AZÚCAR GRANULADA

2 cucharadas	=	30 g/1 oz
3 cucharadas	=	45 g/1½ oz
¼ taza	=	60 g/2 oz
⅓ taza	=	90 g/3 oz
½ taza	=	125 g/4 oz
1 taza	=	250 g/8 oz

AZÚCAR MASCABADO, COMPACTA

¼ taza	=	60 g/2 oz
⅓ taza	=	75 g /2½ oz
½ taza	=	105 g /3½ oz
1 taza	=	220 g /7 oz

MANTEQUILLA

1 cucharada	=	15 g/½ oz
2 cucharadas	=	30 g/1 oz
3 cucharadas	=	45 g/1½ oz
4 cucharadas	=	60 g/2 oz
⅓ taza	=	90 g/3 oz
½ taza	=	125 g/4 oz
1 taza	=	250 g/8 oz
2 tazas	=	500 g/1 lb

PRODUCTOS BÁSICOS DE ALMACENAMIENTO EN FRÍO

FRUTAS Y VERDURAS

chabacanos

duraznos

frambuesas

fresas

manzanas

moras azules

peras

ruibarbo

zanahorias

zarzamoras

ALIMENTOS REFRIGERADOS

buttermilk

crema ácida

crema dulce para batir

huevos

leche entera

mantequilla sin sal

media crema

queso crema

queso cheddar

queso feta

queso Gruyere

ricotta fresco

ALIMENTOS CONGELADOS

granos de elote congelados

helado

moras congeladas
pasta de hojaldre

pasta filo

zarzamoras congeladas

almacenamiento en frío

Una vez que haya organizado su despensa puede aplicar los mismos pasos para organizar su refrigerador y congelador. Ambos son buenos para almacenar muchos alimentos básicos (a la izquierda), además de que se usan para enfriar algunos productos horneados y la masa para pasta y pays sin hornear (página 100).

consejos generales

- Retire algunos artículos al mismo tiempo y limpie a conciencia el refrigerador y congelador con agua jabonosa tibia.

- Deseche los artículos viejos o dudosos.

- Use la lista de Productos Básicos de Almacenamiento en Frío (a la izquierda) como punto de partida para decidir lo que usted debe comprar y sustituir.

- Mantenga la temperatura del congelador abajo de -18ºC (0ºF) y evite amontonarlo demasiado. Querrá que circule el aire libremente para que los alimentos se congelen rápidamente, lo cual ayuda a conservar su sabor y textura. Deje los alimentos reposar a temperatura ambiente antes de guardarlos, congele en recipientes herméticos y etiquete con el nombre y la fecha. Descongele los alimentos horneados en un microondas o a temperatura ambiente.

almacenamiento de fruta

Dependiendo de la temporada tenga a la mano cierta variedad de frutas, ya sea en el refrigerador o sobre la cubierta de su cocina. Puede guardar peras, ciruelas, mangos, duraznos, nectarinas, piñas y kiwis a temperatura ambiente para que se maduren y suavicen y una vez maduros, refrigerarlos. Siempre deje los plátanos a temperatura ambiente. Otras frutas, incluyendo las manzanas y moras, deben guardarse en el cajón de frutas y verduras del refrigerador.

Las moras son muy delicadas y deben usarse el día en que se compran o al día siguiente. Para evitar que desarrollen moho o se apachurren, forre un recipiente de plástico poco profundo con una toalla de papel, llene uniformemente con una sola capa de moras sin lavar, tape herméticamente y refrigere; enjuague justo antes de usarlas.

índice

DEGUSTIS
Un sello editorial de
Advanced Marketing S . de R.L. de C.V
Calzada San Francisco Cuautlalpan No. 102 Bodega "D"
Col. San Francisco Cuautlalpan Naucalpan de Juárez
Edo. México 53569

WILLIAMS-SONOMA
Fundador y Vice-presidente Chuck Williams

SERIE LA COCINA AL INSTANTE DE WILLIAMS-SONOMA
Ideado y producido por Weldon Owen Inc.
814 Montgomery Street, San Francisco, CA 94133
Teléfono: 415 291 0100 Fax: 415 291 8841

En colaboración con Williams-Sonoma, Inc.
3250 Van Ness Avenue, San Francisco, CA 94109

Fotógrafos Tucker + Hossler
Estilista de Alimentos Jennifer Straus
Asistentes de Estilista de Alimentos Luis Bustamante, Max La
Rivière-Hedrick
Estilista de Props Leigh Nöe
Escritora del texto Stephanie Rosenbaum

Library of Congress Cataloging-in-Publication data is available.
ISBN 970-718-462-0
ISBN 13 978-970-718-462-6

WELDON OWEN INC.
Presidente Ejecutivo John Owen
Presidente y Jefe de Operaciones Terry Newell
Director de Finanzas Christine E. Munson
Vicepresidente, Ventas Internacionales Stuart Laurence
Director de Creatividad Gaye Allen
Publicista Hannah Rahill
Director de Arte Kyrie Forbes Panton
Editor Senior Kim Goodfriend
Editor Emily Miller
Diseñador y Director de Fotografía Andrea Stephany
Diseñador Kelly Booth
Editor Asistente Juli Vendzules
Director de Producción Chris Hemesath
Director de Color Teri Bell
Coordinador de Producción y Reimpresión Todd Rechner

UNA PRODUCCIÓN DE WELDON OWEN
Derechos registrados © 2006 por Weldon Owen Inc.
y Williams–Sonoma, Inc.
Derechos reservados, incluyendo el derecho de reproducción
total o parcial en cualquier forma.

Impreso en Formata
Primera impresión en 2006
10 9 8 7 6 5 4 3 2 1
Separaciones en color por Bright Arts Singapore
Impreso por Tien Wah Press
Impreso en Singapur

RECONOCIMIENTOS
Weldon Owen agradece a las siguientes personas por su generosa ayuda para producir este libro:
Davina Baum, Heather Belt, Carrie Bradley, Kevin Crafts, Ken DellaPenta, Judith Dunham,
Alexa Human, Marianne Mitten, Sharon Silva, Nich Wagner y Kate Washington.

Fotografías por Bill Bettencourt: páginas 8-9, 20-21 (receta), 26-27 (receta), 30-31, 38-39 (receta), 42-43, 44-45 (receta),
64-65, 66-67, 68-69, 78 (superior izquierda), 82-82? ojo (superior izquierda y receta), 84-85 (superior derecha y receta),
86-87, 88-89 (superior izquierda y receta), 90-91, 92-93

Fotografía de portada por Kevin Crafts: Pastel de Almendras, página 63

UNA NOTA SOBRE PESOS Y MEDIDAS
Todas las recetas incluyen medidas acostumbradas en Estados Unidos y medidas del sistema métrico. Las conversiones métricas
se basan en normas desarrolladas para estos libros y han sido aproximadas.
El peso real puede variar.